「日本仏教」は神道である

―日本

ころ」の特質を求めて―

熊谷 保孝
Kumagai Yasutaka

ブックウェイ

目次

はじめに

終戦の半年後に生まれた私は、もの心ついてからずっと「冷戦」といわれる時代を過ごしてきました。その私にとって、一九八九年（平成元年）十二月二日～三日にかけて、ブッシュ米大統領とゴルバチョフソ連邦最高会議議長が地中海のマルタ島で会談し、冷戦の終結を宣言したこと（マルタ宣言）は、それまでの私の人生でもっとも明るい衝撃を与えたできごとでした。これでもって世界に平和が訪れるであろうと期待しました。

それから五年を経過した一九九六年（平成八年）、ハーバード大学教授（当時）のサミュエル・ハンチントンが『文明の衝突』を著しました。冷戦終結後は、文明の相違が国際関係の大きな要因になるということを述べたものです。

実際、「マルタ宣言」以後、宗教を根源とした文明の対立が、チェチェン・中東・旧ユーゴスラヴィアなどで表面化しました。それはアメリカにおける同時多発テロをきっかけにアフガニスタンやイラクへの米軍の攻撃へとエスカレートし、今や、テロという新しい形で世界中に拡散し、深刻さを増しています。加えて、中国による南シナ海の自国領化や「一帯一路」

構想は、まさに帝国主義の再来を想起させられる状態です。この実情を見れば、かえって冷戦時代の方が安定していたように思えるほどです。まさにハンチントンの「予言」が的中したと思える状態になっています。

ハンチントンの『文明の衝突』は、世界の七大文明として、西欧キリスト教文明・イスラム文明・インド文明・東欧正教文明・中華文明・日本文明・ラテンアメリカ文明をあげています。われわれにとって注目すべきは、日本文明を世界の七大文明の一つとして位置づけていることです。

というのは、これまで日本文明を中華文明の亜流のようにいう人もいました。それは日本人も中国人も、外見・風貌が似ており、どちらも漢字を使用するという共通点があり、しかも、弥生時代以来、日本列島には、物質・精神を問わず、大陸文化が流入し、その影響を受けてきたという事実に起因するのでしょう。

ただ、大陸文化の影響については、本書のテーマに関わる問題にもなりますが、それを無批判に受け入れたわけではありません。本文で詳しく述べますが、「ある基準」があり、流入した文化は咀嚼しなおし、取捨選択した上で受容しています。

こんにち、わたしたちは、いろいろな面で中国人のものの考え方に接することができますが、日本人と中国人とでは、ものの考え方や感じ方などに大きな開きがあることに気づかれるのではないでしょうか。

したがって、こんにちでは、日本文明は中華文明の亜流ではなく、日本独特のものであると指摘されるようになっています。

では、何が「独特」なのでしょうか。そして独特たらしめているものは何なのでしょうか。おそらく、そこに日本人のアイデンティティーがあると思います。本書では、これを追究することが第一の目的です。

ところで、独特であることについて、私たち日本人の間にもさまざまな意見があるようです。『文明の衝突』の日本語訳が発売されて反響を呼んでいたころ、テレビ朝日の「ニュースーステーション」という番組がこれを取り上げました。キャスターの久米宏は、日本文明が「日本一国の文明」であり、他の文明の人々に理解されにくい面があるという意味のことを述べて、「さびしいですね」と言いました。その言葉の裏に否定的なものを感じました。

グローバル化の時代に異文明の人びとに理解されないような文明は、一日も早く捨て去るべきだという意味を込めた発言だったと受け取りました。そして「独特」即「ナショナリズム」として、久米の立場からは認めたくないというニュアンスも感じました。

しかし、独特であり、他国の人々に理解されにくいからということで、捨て去らなければならないものでしょうか。ミトコンドリアＤＮＡの研究から、現生人類（ホモサピエンス）の祖先はアフリカのある一女性に辿り着くと言われます。とすれば、現在の世界の全人類は、その一女性から派生・発展していったと考えられますが、その過程でさまざまな特色が生じたことは当然でしょう。それが大小のさまざまな文明となって現在に至っているのです。そこにそれぞれの「独特」が生まれたのです。

したがって、どの分明が本流であるとか、正統であるとかの区別はなく、それゆえ、簡単に優劣をつけて、「捨て去らなければならない文明である」などとは言えないはずです。それよりもさまざまな文明の特色を知り、理解しあうことがグローバル化の時代に必要な教養であるはずです。ハンチントンの言うように、文明の相違が国際関係の大きな要因になるのであるならば、異なる文明や異なる文化を相互に理解しあうことこそ、文明の衝突を回避する王道であるはずです。

もちろん、「一国一文明」である日本文明が、他の文明の人々に理解されにくい面があるかも知れませんが、日本文明には素晴らしい面はたくさんあると思っています。そこには現在の世界の諸問題を解決する上で役立つものもあると思っています。この宝物を倉庫にしまっておくのは、まさしく「宝の持ち腐れ」です。地球のため、人類のために、大いに世界に発信すべきであると思っています。

私は先に『茶の湯　こころの歴史』（一粒書房）を刊行しました。その目的の一つは、若い世代に日本文化とは何かを考える材料にしてほしいという願いがありました。

そしてもう一つは、科学技術の発達を特徴とする近代は、私たちの物質的生活を豊かにしてきましたが、地球温暖化に見られるような環境問題、中国による南シナ海の自国領化、アメリカの保護主義化にみられるような自国第一主義の台頭、さらに深刻な問題は、自由と民主主義の根底にある近代的自我の中から生み落とされた人間中心主義や利己主義等々の負の属性を、まるでガン細胞のように増殖させました。

もちろん、今、私たちが生きている二十一世紀は、近現代の恩恵の上に築かれたものですが、その反面では、人類の未来を脅かしているのです。そして今やその危機に直面しているのです。

とすれば、私たちは近現代の内包する問題を反省し、克服して、新しい生き方、新しい哲学を構築する必要に迫られているといえるでしょう。

いうまでもなく、今生きている私たちには、この世界を、この地球を、そして人類を、未来に伝えていく義務がありますが、その参考になるのが、日本文明のなかにあると思っています。本書を執筆したもう一つの動機はそこにあります。

本書において私は日本文明の特色・本質を「外来文化の受容」を通して明らかにしようとしました。しかし、それは日本文明の一面を明らかにしたに過ぎません。いうまでもなく、これだけでは説明しきれないものもあります。それらについては、今後の課題にしたいと思っています。

序章　神道とは？

◇日本仏教とは？

本書は「『日本仏教』は神道である」というタイトルをつけました。とすれば、まず、「日本仏教とは何か」「神道とは何か」ということからお話を始めなければなりません。

仏教は、改めて説明するまでもないでしょうが、紀元前六〜五世紀ごろ、古代インドの釈迦族の王子として生まれたブッダ（お釈迦さま、本名はゴータマ・シッダールタ）の教えを発展させた宗教です。しかし、その仏教は、長い年月の間に、しかもアジア各地に広く伝播するなかで大きく変容します。日本に伝えられたのは六世紀の中ごろですが、日本に伝来してからも、次第に日本化して「日本的な仏教」になっていきます。この日本的な仏教を「日本仏教」ということにします。

◇神道とは？

では、神道とは、どう定義すればよいのでしょうか。こんにち、神道というと、神社という宗教施設をもつ信仰を想定するのではないでしょうか。おおむね、それでよいとはいうものの、それは長い日本の歴史の中でさまざまな姿に変容しながら、こんにちに至っています。

それゆえ、神道の定義もさまざまで、中には、神道の成立は中世になってからだという説もあるほどです。

先ほど「神社という宗教施設をもつ宗教」と申しました。しかし、このように定義すれば、神社の成立が問題となってきます。しかし、私は、神社という施設は大切な要素ではあるとは思いますが、必須の条件ではないと思っています。

さらに信仰的本質から考えれば、神道という語にも拘る必要はないと考えます。といいますのは、神道という語そのものが、中国で使用されていた語を借用したものに過ぎないからです。中国語の借用といえば、古代朝鮮でも、古朝鮮の始祖とされる檀君の神道がありました。

いうまでもなく、日本でも神道という語が入ってくる以前から、信仰的実体があったのです。その信仰的実体に神道という文字をあてはめただけです。したがって、神道という語だけに拘っていると、その本質を見失うこともあり得ましょう。

◇中国の典籍の神道

とはいえ、中国の典籍にあらわれた神道の語は、日本の神道を考える場合の参考にはなるでしょう。というのは、日本の実体に外国語をあてはめる場合、その実体にできるだけ近い語を選ぶはずです。その意味では、中国で用いられていた神道の語は参考にはなると思います。

では、中国では、神道をどのような意味で用いていたのでしょうか。例えば、『周易正義』という書には、「神道は微妙にして方無し。理に知るべからず。目に見るべからず。然る所以を知らずして然る。之を神道と謂ふ」とあります。神道を、理屈ではわからない「天地の理法」のように解しているのです。それはわれわれ人間の目に見えない「ちから」「はたらき」ともいえるのではないでしょうか。

また、外来の仏教に対して道教のような中国の土着の宗教を神道と呼んでいる場合も多いようです。外来の宗教に対して土着の宗教を神道と称したという点も、わが国の神道を考える上で参考になるのでしょう。

◇神道は仏教伝来以前の「カミ信仰」

日本でも、神道の語の古い使用例として『日本書紀』には二例あります。用明天皇即位前紀には、「(天皇は)仏法を信じ、神道を尊びたまふ」とあり、孝徳天皇即位前紀には、「(天皇は)

仏法を尊び、神道を軽んじたまふ」とあります。この二例とも、仏法（仏教）に対して神道という語をもってきています。

これらから考えると、わが国でも、外来の宗教である仏教に対して、日本土着の宗教に神道の語をあてたということが考えられます。とすれば、仏教の伝来する以前、わが国には「カミ信仰」がありましたが、それに『日本書紀』は神道の語をあてはめたと考えられるのです。

◇神道の源流は縄文時代

私は、神道といわれている宗教の源流は縄文時代以来の「カミ信仰」にあると思っています。言い換えれば、縄文時代以来の「カミ信仰」を源流として、時間的な経過の中で新しい要素を加え、充実・変容させながら形成された宗教――これが神道であるといえるのではないでしょうか。そして仏教の寺院に対して、神社がその祭祀の施設として造営されるようになったのです。

ところが、このように定義すると、必ず批判が起こります。その代表的なものは、「神道には水稲耕作的要素が大きな比重をしめている。だから、神道の源流は水稲耕作が普及した弥生時代である」というものです。

たしかに、神道から稲作的要素を抜きにできないほど、それは神道の中で大きな比重を占めています。しかし、日本文化そのものが、長い日本の歴史の中で様々な要素を加えながら充実・発展、さらに変容してきました。それはカミ信仰（神道）の歴史においても同様です。したがって、水稲耕作的要素は、時間的経過の中で加えられた要素のなかの最たるものと理解すべきではないかと思います。

信仰というものは、それぞれの時代の影響を受けて変化するのは当然のことでしょう。しかし、連綿とした流れの上にありながら、根本にあって変わらないものもあるということも無視できないと思います。こんにちの神社の中には縄文時代以来の祭祀遺跡に起源をもつものがあることからも、神道の源流は縄文時代のカミ信仰にあると思います。その上に新しい要素を加えつつ形成されたのが現在の神道であるといえるのです。ここでいう「日本仏教は神道である」の「神道」とは、そういう「縄文時代以来のカミ信仰」という意味の「神道」です。

◇カミ信仰の本質は？

ところで、縄文時代以来のカミ信仰の本質は何でしょうか。私は、自然信仰―アニミズムであると思います。アニミズムというのは、天地自然の万物に「いのち」「霊」を見る信仰です。

イギリスの人類学者、E・タイラーが提唱したものですが、一神教を信奉する人びと——ユダヤ教徒やキリスト教徒やイスラム教徒は、これを原始的な信仰とみています。

しかしアニミズムは、天地自然に共鳴し天地自然と共生する生き方をしていた原始時代の人々が、天地自然や宇宙を直感するところから発したもので、そこにこそ宗教の本質があると私は思っています。

◇「日本仏教」となったからこそ日本に定着

私は本書に、「日本仏教は神道である」というタイトルをつけました。それは本書の結論にも結びつきますが、「日本仏教」も神道も、共に縄文時代以来の信仰、すなわち、日本の土着信仰の上に形成されたものであって、この両者は、本質において同じであるという意味で付けたものです。

以前、私は國學院大學の神道学の某教授の前で、「日本仏教は神道である」という言葉を用いました。すると、その教授は、「君は他の宗教に喧嘩を売るような発言をする。よろしくない」と注意をされたことがありました。

もちろん、私は仏教に喧嘩を売っているわけではありません。私の家は真言宗の檀家で、私自身も菩提寺の檀家総代をつとめさせていただいており、真言宗の比較的熱心な信徒のつもりでおります。

ただ、真言宗も含めて日本仏教には、先に述べたように、「神道である」といっているのであって、日本仏教を否定しているわけではありません。というよりも日本仏教は、神道（カミ信仰）と出会ったからこそ、われわれ日本人の魂に浸透し得る宗教として生きているのだと思っています。

◇日本文化は雑居文化ではない

縄文時代の一万年あまりの間に日本文明が形成されたと思われます。そして弥生時代前後に伝来した水稲耕作によって大きく変容し、それ以後も海を渡って伝来する外来文化を栄養としながら充実し発展してきました。言い換えれば、外来文化の摂取なくして今日の日本の文化はあり得なかったといえるでしょう。同様に、こんにちの神道もそうでしょう。神道の形成に仏教や道教・儒教の影響を無視することはできないでしょう。

このように外来文化を摂取しながら発展してきたという側面から、日本文化の特徴を「雑居性」「重層性」という言葉を用いる研究者もおられます。

しかし、日本文化は、渡来した諸文化や外来思想を無批判にとりいれて、それらが「雑居」し、「重層」して残存しているのではありません。外来の宗教である仏教が「日本仏教」となったのと同様に、外来の思想・文化を日本人が受容して日本に定着するには、ある基準で取捨選択した上で摂取し、ある基準に基づいて変容させているのです。

では、「ある基準」とは何か。このことを明らかにするのが本稿の目的であり、それを仏教の受容を通してみていきたいと思います。そしてこのことが日本文明・日本文化の本質を明らかにすることにもなるでしょう。

第一章　聖徳太子の仏教の受容

◇仏教の伝来

仏教が伝来したのは六世紀のころです。『日本書紀』によると、欽明天皇十三年（壬申）に百済の聖明王が欽明天皇（二十九代）に仏像と経論等を贈ってきたと記されています。これをキリスト教歴に換算すると五五二年になります。ただ、『元興寺縁起』や『上宮聖徳法王帝説』に記された年代（戊午）を換算すれば、五三八年になります。六世紀の中ごろに百済経由で仏教が伝えられたようです。

ただ、このような国家レヴェルの伝来に対して、渡来人らが私的に仏像をお祀りして礼拝していたのはもう少し遡ることができると思います。『扶桑略記』には、継体天皇十六年（六二二）に司馬達止という漢人が渡来して、大和国高市郡に草堂を営み、仏像を安置して礼拝したと記されています。渡来人たちによる伝来は、六世紀前半に遡ると考えられます。

伝来したころ、仏教の仏を「蕃神」・「他国神」・「仏神」と呼びました。「蕃神」・「他国神」というのは「外国の神」という意でしょう。「仏神」というのは、「仏という神」というような意味で用いたのでしょう。

日本最初の本格的な寺院は、蘇我馬子が建立した法興寺（飛鳥寺・のち元興寺）ですが、その地を「飛鳥真神原」と名付けました。崇仏の念の強い蘇我馬子は、「仏」を「真神」――すなわち、

「ほんとうの神」と捉えたのです。

いずれにしても、仏教の仏や菩薩を「神」として捉えているのですから、日本の神々（八百万《やおよろず》の神）と同列・同次元の神と考えていたということが分かります。

◇神と仏の共存の道

また、このころ仏の祟りがあったという伝えもあり、仏教による祈雨や病気平癒などの祈願も行われています。これは日本の神々への奉幣の目的と何ら変わりありません。とすれば、仏教は、外来の宗教であるというだけで、その受けとめ方は、日本古来のカミ信仰と大きく変わらなかったということです。

仏教が伝来した当初は、これを受け入れるか否かで、崇仏派の蘇我氏らと排仏派の物部氏らとの抗争があったということが『日本書紀』に記されています。仏教の受容をめぐって、おそらく他の政治的要因も絡んで対立があったということは考えられます。

ただ、仏教を深く理解した聖徳太子が日本の神々の祭祀を尊重されたことなどから推測すると、ユダヤ教とイスラム教の対立のような深刻さはなかったと思います。おそらく、先述したように、仏も八百万《やおよろず》の神のひとつとしての受け止め方をしていたと考えられます。

とはいえ、古来のカミ信仰は、仏教の伝来の影響を大きく受けたことも事実であるようです。先述したように、『日本書紀』の「用明天皇紀」や「孝徳天皇紀」に、「仏法」に対して「神道」という語が出てきます。このことは、古来のカミ信仰が仏教を意識したことから成立した用語であると考えられます。

また、仏教の寺院に対して神社を建立するようにもなりました。さらに教理面や布教面においても、相互に影響しあいました。両者を異なる宗教として捉えるのではなく、融合させようとする動きが、本地垂迹説などの神仏習合説です。こうして両者は、排除しあうのではなく、共存しながら歩んでいくという道を辿ることになるのです。

◇聖徳太子の時代

聖徳太子が推古天皇（三十三代）の摂政になられたのは、推古天皇元年（五九三）です。冠位十二階の制定が推古天皇十一年（六〇三）年、憲法十七条の制定が十二年（六〇四）であることは、中学や高校のときに習われたことと思います。聖徳太子が亡くなられたのは、推古天皇三十年（六二二）です。したがって、聖徳太子が主に活動された時期は、六世紀末から七世紀の初めであったといえるでしょう。

このころを飛鳥時代といいますが、飛鳥時代には朝鮮半島の情勢が激変した時代でした。四世紀末には、「好太王の碑文」などに見られるように、大和国家は朝鮮半島の南端・弁韓の地を拠点に百済・新羅を服属させ、朝鮮半島の北部から満州かけて大きな勢力を誇っていた高句麗と交戦するほどの勢力をもっていました。

しかし、六世紀のはじめには高句麗や新羅の勢力が強大となり、わが国の半島経営は危機を迎えました。六世紀の中ごろには、わが国が朝鮮半島にもっていた領土（任那）の最後に残った地も新羅に奪い取られてしまいました。

同様に、わが国と友好関係にあった百済も新羅や高句麗との攻防で困難な状況におかれていました。このような半島情勢のなかで百済はわが国の歓心を得るべく、新しい大陸の文化を集中的に伝えてきました。儒教や漢字文化、あるいは暦・医薬・紙墨など、精神・物資を問わず、多数の文物がもたらされたのです。そのなかに仏教も含まれています。

わが国での最初の本格的な仏教の理解者は聖徳太子でした。太子は用明天皇の皇子として敏達天皇三年（五七四）に誕生されました。十九歳のとき、崇峻天皇が蘇我馬子の腹心、東漢駒《やまとのあやのこま》によって暗殺されるという前例のない事件が起こりました。この事件を受けて、初の女帝として推古天皇が即位されると、聖徳太子はその皇太子として政治を一任される摂政に就任されました。太子は、その年に難波に四天王寺を建立され、翌年に「仏法興隆の詔」を出されるなど、仏教の普及・教化のために尽力されました。

◇『三経義疏』

聖徳太子は『法華経』『維摩経』『勝鬘経』の注釈書である『三経義疏』を著されたとされています。ただ、この書が太子の個人の著作物か、太子を中心としたグループの著作物かは、議論の分かれるところです。

『三経義疏』には、オリジナルな解釈があります。すなわち、日本の立場から独自解釈や読み替えもあります。また、日本の立場に合わないところがあれば、切り捨てています。

この例としてよく取り上げられるのは、『法華経』の安楽行品に、「常に座禅を好んで閑かなる処に在って、其の心を修摂せよ」という語句がありますが、これについて、「山間にあってつねに坐禅を好むというならば、なんの暇あって、この経を世間にひろめることができようか」と評し、その真意は「常に坐することを好む小乗の禅師に近づくな」という意味であるというように解釈されています。

仏教の経典は多数あります。そのなかで、なぜ、『法華経』『維摩経』『勝鬘経』という三経が選ばれたのでしょうか。この点について、先学も指摘されているところでありますが、三経に共通しているのは、「在家仏教の可能性」や「現実重視」など日本の土着思想と合致したものであるといわれています。

仏教が伝来してから、まだ半世紀ほどのころです。そのころすでに聖徳太子は、伝来してきた仏教をそのまま受け入れるのではなく、さまざまな仏典の思想を自分自身の思想や心意で取捨選択して採りいれられているのです。

◇『勝鬘経』の如来蔵思想

このことについて、やや具体的に述べたいと思います。「三経」の一つ、『勝鬘経』は、勝鬘夫人という在家の女性を主人公としたもので、そこには如来蔵思想が説かれています。

如来蔵思想とは、「人間は本来、如来(仏)となるべき真実の本性をもっている」という思想です。成立の系統は異なりますが、「人間は本来、仏となるべき素質をもっている」という「仏性思想」と同じといえます。

『勝鬘経義疏』には、次のような説明があります。

如来蔵といふは即ち是れ真実なり。今、一切衆生に皆真実の性有りといふことを明す。

若しこの性無《な》くんば、則ち一化に便ち尽きて、草木と殊ならず。（原漢文）。

「如来蔵というのが真実である。今、すべての人びとはみな真実の本性をもっていることを明らかにする。もし、このような本性がなかったならば、人間としての生存が尽きて草木と異なるところがない」というのです。「真実の本性」とは、「如来（仏）」と言い換えてもよいでしょう。

◇『憲法十七条』にも如来蔵思想

ところで、聖徳太子の撰とされている『憲法十七条』の「二に曰はく」には、次のような条文があります。

人、尤《もっとも》悪しきもの鮮《すくな》し。能く教ふるをもて従ふ。其れ三法に帰りまつらずは、何を以てか枉《まが》れるを直さむ。

「人間には本来的な悪人は少ない。よく教えれば、正しい心に戻るのである。仏法に帰依するのでなければ、どうしてその悪人といわれる者の枉った心を矯正できようか」と説かれているのです。すなわち、人間には「本来的な悪人はいない」というのは、人間はみな、根底に「真実の本性」をもっているということです。

これについて、『勝鬘経義疏』には、「自性清浄であって、生死によって影響されることはない」と述べています。「自性清浄」とは、「真実の本性」、あるいは「如来」とも言い換えることができます。それは「生死によって影響されない」というのですから、それは「恒常不変の真理である」ということにもなります。

では、なぜ、恒常不変の「真実の本性」をもつものが、「悪」を犯すことになるのでしょうか。それはただ、真実の本性が「覆い隠されている」からであるからだといいます。だから、覆い隠しているものを取り除けば、「真実の本性」に戻る、と解釈するのです。

とすれば、『憲法十七条』の「二に曰はく」の「人、尤悪しきもの鮮し」とする思想は、如来蔵思想によるものということができるのではないでしょうか。

◇如来蔵思想は異端か?

世界の仏教の主流となる思想は、「空」思想です。空思想を端的に説いているのは『般若心経』です。ここには「五蘊は皆空なり」と述べています。

五蘊というのは、色（物質一般）・受（感受作用）・想（単純観念）・行（意欲）・識（判断・認識）です。われわれ衆生は、この五蘊によって構成されているとされます。

これら構成要素はすべて「空」であるというのです。「空」とは、「空っぽ」という意味もありますが、ここでは恒常不変の実体はないというような意味で解するとよいと思います。

お釈迦さまの仏教の根本は、「諸法無我」「諸行無常」です。「諸法無我」というのは、「あらゆるものは実体的な実在性をもたない」「恒常不変の実体を認めない」というものです。だから「あらゆるものは変化する」のです。これが「諸行無常」です。このことは、「あらゆるものは相互の関係性のなかに存在する」ということでもあります。このことを「縁起」といいます。

このような仏教の原則から考えれば、如来蔵思想は、衆生の根底に恒常不変の実体を認めるものでありますから、仏教の異端といわれてもおかしくない思想になります。しかし、聖徳太子はそれを選ばれたのです。

◇如来蔵と「褉」「祓」

ところで、聖徳太子が、「人間の根底には如来となるべき『真実の本性』をもっている」と考えられたのは何故でしょうか。私は、それは聖徳太子の考えというよりは、当時の日本人の心意であったと思います。

この心意は、こんにちの日本人のもっとも納得できるものでもあるようです。私は長年、教師として生徒指導にあたってきましたが、非行を行った生徒も「本質的に悪人である」と思ったことはありませんでした。この思いは、私の接してきた教師のすべてに共通するものであったと思います。とすれば、この心意は日本人のＤＮＡに刷り込まれているということができるのではないでしょうか。

『記紀』の撰上は奈良時代の初期、八世紀の初頭です。しかし、そこに記された神話は、古くからの伝承が素材となっていると考えられます。その中には縄文時代に源流をもつものもあります。

『記紀』の神話の中に「国生み、神生み神話」がありますが、そこではこの世に存在する森羅万象を含むすべての「いのち」は、イザナキ・イザナミの両神から誕生したとされています。とすれば、すべての「いのち」は、イザナキ・イザナミの両神から誕生した「神聖ないのち」です。

古来、わが国では、「罪」や「穢《けが》れ」は、「祓《はらい》」や「禊《みそぎ》」によって除去できると考えられていました。祓は罪や穢れを物に付着させて除去する行為です。禊は罪や穢れを水で洗い流す行為を言います。

祓や禊によって罪や穢れを除去できるということは、そのあとに残るのは、本来の自分です。「本来の自分」とは、イザナキ・イザナミの神から誕生した「神聖ないのち」です。罪・穢れのない「清らかないのち」であり、「神」としての素質をもった「いのち」です。

この考え方は、先に述べた「真実の本性」が「ただ、覆い隠されているのみ」と解する『勝鬘経』の如来蔵思想と一致するのではないでしょうか。聖徳太子が『三経義疏』の一つに『勝鬘経』を選ばれたのは、古来の日本人の心意と合致するところがあったからではないでしょうか。

◇『法華経』が選ばれた理由は？

なお、『三経義疏』の一つ『法華経』は、聖徳太子のみならず、これ以後の日本仏教で特に重んじられている経典ですから、これについても言及しておきたいと思います。

先に『三経義疏』の三経に共通しているのは、「在家仏教の可能性」や「現実重視」など日本の土着思想と合致したものがあるということを述べました。さらに『法華経』には「祓」の呪力があると受け取られたこともあげることができると思います。

聖徳太子の時代から一世紀あまり過ぎた奈良時代に諸国に国分寺と国分尼寺を創建することになりましたが、国分尼寺の正式名称は「法華滅罪之寺」です。「罪を滅す」呪力とは、「祓」です。

これについて、末木文美士は「法華懺法は『法華経』に基づいて罪を懺悔し、清浄となる儀式であるが、このような懺悔＝滅罪の考え方は、日本の土着の宗教におけるみそぎ（禊）やはらえ（祓）と共通するものであり、日本の社会に定着しやすかったと考えられる」（『日本仏教入門』第七章）と述べておられます。

なお、『法華経』の平等思想についてもあげなければならないでしょうが、この点については、最澄が特に強調しておりますので、最澄のところで述べたいと思います。

第二章　最澄の仏教受容

◇最澄の生まれた時代

最澄は神護景雲元年（七六七）に近江国で誕生しました。神護景雲という時代は奈良時代の後半期で、僧道鏡の政権の最盛期です。十二歳（または十三歳）で、近江国の国分寺僧であった行表の弟子となり、十九歳（または二十歳）のとき、東大寺で具足戒を受けて正式の僧となりました。この年は延暦四年（七八五）です。その前年の延暦三年に、桓武天皇は平城京から長岡京へと遷都されています。

◇東大寺を捨て、比叡山へ

最澄は、具足戒を受けた後、東大寺に残るチャンスがありました。当時、東大寺は仏教を研究するのにもっとも恵まれた寺院でしたから、こんにちで言えば、東京大学に残って研究するようなものです。しかし、最澄は、そのエリートコースを捨てて比叡山に登り、山岳・山林での修行を兼ねながら、経典研究をする道を選びました。

桓武天皇が平城京から長岡京に遷都された大きな理由は、腐敗した奈良仏教の勢力から逃れることにありました。したがって、最澄が東大寺に留まる道を捨てて、比叡山に登ったということは、最澄の意図の如何にかかわらず、最澄と桓武天皇との見えざる結びつきが生じたということになるでしょう。

さらに付け加えれば、山中に籠もって修行する道を選んだということは、彼の思想を方向づける大きな要素となったことは、いうまでもありません。

◇「一切衆生、悉有仏性」

ところで、「最澄の仏教の特徴を表すキーワードは何か」とたずねられると、「一切衆生、悉有仏性」と「諸法実相」ではないでしょうか。

「一切衆生、悉有仏性」というのは、「一切の衆生には、悉く皆、仏性がある」という意味です。この考え方を「仏性思想」といいます。「仏性」とは、「仏としての資質」、あるいは「仏そのもの」と解してよいと思います。とすれば、前章で述べた「如来蔵」と同じということになります。この句の典拠は『涅槃経』にあります。

ところで、ここでいう「一切衆生」とは、「すべての生あるもの」という意味ですが、問題は「生あるもの」の範囲です。これについては、インドや中国、さらに日本とでは、受け取り方が異なっているようです。

こでいう「衆生」を、唐の玄奘は、「有情」という訳語を当てました。「有情」というのは、「心のはたらきを持つもの」という意です。これに対して「心のはたらきを持たないもの」を「非情（無情）」といいます。

ただ、「有情」と「非情」という分類をしたとしても、その範囲をどう区分するのかということが問題になります。大雑把に言えば、生物は「有情」に属し、無機物は「非情」に属すという分類が仏教史の中で広く用いられていたようですが、ただ、現在の「生物」「無機物」の概念とは異なります。例えば、植物＝草木の問題がそれです。

植物は、もちろん現在では生物に分類されます。しかし、本来の仏教では、植物は無機物と同じく六道の外に置かれていますから、「非情」に分類されます。

ところで、すべての生きとし生けるものが成仏するという主張は『涅槃経』のみならず、『法華経』のメインテーマでもあります。これを「法華一乗の思想」といいます。最澄は、『法華秀句』中巻の『仏性論』の註記で、

草木また空に従ひて成す。まさに是れ衆生なるべし。

と述べています。すなわち、インドや中国では人間、または広く解釈しても特定の動物ま

でしか含まれない「衆生」を、最澄は草木までも含めているのです。

すなわち、草木までも含めて「衆生」であるということは、これらはすべて「いのち」ある存在であるということであり、「仏性」を備えているということになります。「仏性」とは、先に述べたように、「仏としての資質」「聖なる資質」ですから、わが国においては「神性」という言葉に置き換えることもできます。

◇「国生み神話」と仏性思想

ところで、古来の日本人の思想を言葉であらわした現存する最古のものは『古事記』です。この『古事記』の神話によれば、イザナキ・イザナミの二柱の神が国土をはじめ、岩石・樹木から風のような自然現象にいたるまで、すべてをお生みになったと語っています。

そして、例えば、四国にあたる「伊予之二名島」について、「この島は身体が一つで顔が四つある。顔ごとに名前がある。伊予国を愛比売《えひめ》といい、讃岐国を飯依比古《いいよりひこ》といい、阿波国を大宜都比売《おおげつひめ》といい、土左国を建依別《たけよりわけ》という」というように、国土にも人格的な名前を付けています。同様に、野原の神に鹿屋野比売《かやのひめ》という女性の名前が、風に志那都比古《しなつひこ》という男性の名前をつけています。

人格的な名前をつけるということは、「森羅万象は無機物ではなく、イザナキ・イザナミの神から生まれた『子』であり、『いのち』である」とみているからでしょう。「いのち」であるということは、「霊性」「神性」を備えているということでもあります。

とすれば、それは最澄の重視する「一切衆生、悉有仏性」とまったく一致するということになるのではないでしょうか。

◇日本人が仏性思想に共感する所以は？

ところで、「一切衆生、悉有仏性」の思想は、こんにちでは、最澄のはじめた日本天台宗だけでなく、日本人の多くから共感されている思想であると思います。なぜでしょうか。

森羅万象に「いのちが宿る」とする『古事記』の「国生み、神生み神話」の思想は、『古事記』の思想というよりは、日本人の古来の心意そのものであるからであると思います。

この心意は、おそらく縄文時代に遡り得るのではないでしょうか。E・タイラーのいうアニミズム（自然崇拝）です。日本の土着思想です。だからこそ、多くの日本人の共感を得るのではないでしょうか。

なお、私は、日本人の平等意識―インドのような徹底した差別意識はないように思っています──の根底には、「一切衆生、悉皆有仏性」の思想があるのではないかと思っています。

◇「諸法実相」

ところで、また、最澄の重んじた思想に「諸法実相」があります。これは『法華経』のなかに出てくる言葉です。ただ、『法華経』に用いられている「諸法実相」は最澄の用いた意味とは違っていたようです。

羅什訳の『法華経』第二章「方便品」に、

仏所成就　第一希有　難解之法　唯仏与仏　乃能究尽　諸法実相

とあります。このなかに「諸法実相」という句があります。

しかし、この文は、ふつうは「仏の成就せる所は、第一の希有なる難解の法にして、唯、仏と仏のみ、すなわち能く諸法の実相を究め尽くせばなり」というように読まれています。

しかし、日本ではこれを、「諸法の実相を～」という文脈で解するのではなく、「諸法は実相なり」と読んでいるのです。そしてその意味は「もろもろの現象はそのまま実相（真実のすがた）である」というように解するのです。

この読み方は、天台智顗にもあったといわれますが、日本ではこれが特に強調され、天台宗のみならず、やがて日本仏教を特徴づける思想となりました。

先にも述べましたが、世界の仏教の主流となる「空」思想では、「諸法無我」「諸行無常」であって、恒常不変の実体は認めません。したがって、それらが実相であるはずがありません。しかし、最澄は、現実の存在そのものに真実の姿を見ているのです。

◇この世の現実こそ真実の姿

「現実の存在に真実の姿を見る」――これも先に「一切衆生、悉有仏性」のところで述べた『古事記の神話』、さらに遡った縄文時代以来のアニミズムから発したものと見ることができるのではないでしょうか。

繰り返しになりますが、神話の思想は、この世の森羅万象はイザナキ・イザナミの両神から生まれた「神聖ないのち」とみています。イザナキ・イザナミの両神は天つ神の命令を受けて「国生み・神生み」の行為を行い、森羅万象をお生みになりました。

『古事記』では、天つ神（「別天神」）は宇宙の始原神として語られています。なかでも、造化三神といわれる「天御中主神」と「高御巣日神」と「神御巣日神」は、宇宙の本体のような存在です。この委任でイザナキ・イザナミの神は「国生み・神生み」をされたのです。

とすれば、イザナキ・イザナミの両神から誕生した森羅万象は、天つ神の意思であります。言い換えれば、宇宙の意思、あるいはその目的であったということもできるでしょう。

この世の森羅万象が宇宙の意思の実現であるならば、それは「真実の姿」です。「諸法は実相」です。したがって、最澄の「諸法実相」は、「一切衆生、悉有仏性」と共に、『古事記』の神話の思想、あるいはそれを遡った縄文時代からのアニミズムであるということができるでしょう。

◇最澄の思想形成の背景

もちろん、最澄が『古事記』の神話を読んでいたというわけではありません。神話の思想そのものは、縄文時代以来のアニミズムから発したものです。日本の土着思想です。

最澄と日本古来の信仰との関係は、すでに先学も指摘されています。例えば、湯浅泰雄は、最澄・空海らの平安仏教について、「山林修行型の民衆仏教が平安仏教の歴史的先駆形態になった」とした上で、「古代思想史にとって山の仏教が重要な意味をもってくるのは、それが山岳信仰を通じて仏教以前の神道的エートスと交流してくるからである」（『古代人の精神世界』第二章「仏教と古代国家」）と述べておられます。

また、立川武蔵は、「精霊崇拝を母体として『諸法実相』の哲学は育ったと思われる」と述べておられます（『日本仏教の思想』プロローグ）。精霊崇拝とは、Ｅ・タイラーのいうアニミズムに相当します。

日本の土壌の中にあって、天地自然の森羅万象に「いのち」を感じる、いわゆるアニミズムは、山岳修行の有無にかかわらず、縄文時代以来のわが国の人びとが生まれながらもっていた感性・心意であったと思います。ただ、それは湯浅の指摘されるように山岳修行を通して強化され、仏教者側に伝えられたともいえるでしょう。

したがって、最澄も当時の日本の風土・土壌の中で森羅万象に「神聖ないのち」を感得し、比叡山での修行の中でそれをいっそう強化し、その基盤の上に仏教を受け容れた、ということができるのではないでしょうか。

第三章　空海の入唐

◇一、讃岐で誕生

これまでに聖徳太子と最澄の仏教の受容の仕方についてお話しました。そこで縄文時代以来の日本人の感性・心意の上に仏教を受容したということが明らかになりました。では、空海はどうだったでしょうか。

空海は宝亀五年（七七四）に四国の讃岐国多度郡で生まれました。現在、善通寺という真言宗の寺院がありますが、その寺院がある善通寺市にあたります。最澄よりも七歳ほど後輩です。実家は佐伯氏という讃岐国の国造の系譜を引く豪族です。空海はその三男として誕生しました。

佐伯氏といえば、大和国家の軍事を司る伴造の大伴氏の一族です。ただ、その佐伯氏の支族かどうかはわかりません。国造であったということは、おそらく土着の豪族であったと思います。

『日本書紀』によると、第十二代景行天皇の時代に東国が平定されましたが、そのとき東国の蝦夷たちを捕虜として連れて帰りました。彼らはのちに播磨・讃岐・伊予・安芸・阿波の五か国に分置されました。『日本書紀』には、彼らを「佐伯部の祖なり」と記載しています。

この佐伯部という部民を管理するのが、佐伯氏という伴造です。それは中央から、大伴氏の一族の佐伯氏が派遣されたのか、あるいは讃岐国の土着の豪族に佐伯部を管理させ、その豪族を中央の佐伯氏（佐伯連）の支配下に入れて、佐伯氏（佐伯直）を名乗るようになったのかは、よくわかりません。

宝亀五年というのは、奈良時代の末期です。弓削道鏡が失脚して光仁天皇が即位され、新しい政治をめざして諸改革が進められるようになったのが、この宝亀年間です。この時代には、道鏡の出現を教訓に、仏教界の革新もめざされました。ただ、陸奥で蝦夷が大規模な反乱を起こすなど、内外情勢は緊迫した時代でした。

◇大学に入学、そして中退

空海（幼名は真魚《まうお》）は、幼いころから天才的なところがあったようです。律令時代には、中央に「大学」、諸国に「国学」がありました。大学は中央政府の官吏を養成する機関で、中央貴族の子弟が入学します。地方豪族の子弟は国学で学び、ふつうは大学に入ることはありません。

ところが、空海は十八歳で大学に入学します。もちろん、それ以前に讃岐の国学で学んだかも知れませんが、十五歳で上京して叔父の阿刀大足に漢学を学んだようです。阿刀大足は、桓武天皇の皇子・伊予親王の侍講を務めた人物で、当代一流の学者でした。

ふつうは地方豪族の子弟が大学に入るということはありません。おそらく、阿刀大足という一流学者の甥であり、大足は従五位下という貴族の位階に達していたので許されたのでしょう。空海は幼少期から並外れた才能を発揮していたようですから、讃岐の佐伯氏としては空海に大きな期待を抱いたものと思われます。

大学には明経道や明法道などの専攻がありました。空海には明経道を専攻させました。明経道というのは、儒教の経典を学ぶ部門で、官吏への道の最善のコースです。今でいえば、東京大学の法学部のようなものでしょうか。

空海は二十四歳のときに『聾瞽指帰《ろうこしいき》』（のち、『三教指帰《さんごうしいき》』と改題）という戯曲風の作品を書いています。その言おうとするところは、仏教・儒教・道教を比較して、儒教よりも道教、道教よりも仏教が優れているということを述べたものですが、それよりも私は、若年の空海が中国の古典も仏典も、よくもこれだけの書籍を読むことができたものだということに驚かされます。この広く深い学識に加えて、詩文の表現力・文章力です。これだけの才学の持ち主が、なぜ大学を退学したのかということにも驚かされます。

天才肌の空海には、創造性に欠ける大学教育に幻滅したのでしょうか。また、官吏という世俗世界に興味がもてなかったのでしょうか。阿刀大足や佐伯氏の期待に反することに悩みながらも、ついに大学を中退してしまいました。そして仏道修行の世界に身を投じたのです。

◇仏道修行に邁進

しかし、仏道修行の世界に身を投じたといっても、正式の官寺へのルートの僧侶をめざすのではなく、私度僧として山林修行という非正規のルートを選びました。国家試験を受けて得度して官寺の僧侶になるというコースは、今日でいえば、国立大学の教授へのコースが開かれるはずです。しかし、それも空海から見れば「世俗世界」と映ったのでしょう。大学で明経道を学ぶことに馬鹿らしさを感じたのと同様に、型に嵌ったような南都仏教の在り方にも疑問を抱いたのではないでしょうか。

延暦十三年(七九四)、空海が二十一歳のとき、都は長岡京から平安京に遷されました。その三年後、二十四歳のときに著した『聾瞽指帰』はのち、手を入れて『三教指帰』という題に改めましたが、それはおそらく、遣唐留学生《るがくしょう》をめざして国家に提出するためであったと思います。

このあと延暦二十二年(八〇三)、三十歳のとき遣唐使船の一行に加えてもらうための動きをするまで、空海の消息はほとんどわかりません。ただ、『三教指帰』では、「仮名乞児《けみょうこつじ》」という私度僧が登場しますが、この清貧の私度僧は空海自身をモデルにしたものであると思われますから、この書を通して、若干の推測はできます。また、自伝的な『御遺告』もあります。これは、空海自身が語ったことがもとになっていると考えられますから、参考にはなるでしょう。

◇「空海仏教」の形成期

この『三教指帰』等から推測すれば、入唐までの期間は、吉野や四国の難所で修行をしていたようです。ただ、山岳修行だけでなく、中国語（唐語）やサンスクリット、三論・唯識・華厳などの仏教理論、さらには漢詩文なども含めて、かなり幅広い学問もしていたと考えられます。彼の人並み外れた学識や文章能力を見ると、若いころに山岳修行だけに打ち込んでいたとは、とても思えません。

このことは、例えば、入唐直後からインド僧の般若三蔵や牟尼室利三蔵からサンスクリットやインドの言語哲学を学びますが、五か月ほどでこのインド僧が太鼓判を押すほど深く習得しています。もちろん、それは空海の非凡な才能によるところでしょうが、それだけではなく、入唐するまでの空白期間にあらかじめ学習していたからではないでしょうか。

空海は、延暦十四年（七九五）に大和の久米寺で『大日経』に出会いましたが、意味不明のところがあったといいます。このことは山岳修行だけでなく、いわゆる座学の学習意欲も旺盛であったと思われます。このような旺盛な学習意欲が入唐への意欲を抱かしめる大きな要因となったのではないでしょうか。

とはいえ、山岳修行が空海の宗教形成に大きな影響を及ぼしたことには間違いありません。しかも、これは人生の、もっともあぶらの乗り切った三十歳までの時期にあたります。その時に全精力を注ぎこんだ山岳・難所での厳しい修行は、空海を宗教的に偉大ならしめたものと思われます。おそらくこの時期に空海の宗教は確立されたのではないでしょうか。

では、空海の確立した宗教とは、どのようなものでしょうか。こんにち、空海の宗教の根本は何かと一言でいえば、「密教」といえるでしょう。密教は、天地自然に「いのち」を感得する宗教です。いわゆるアニミズムです。しかし、それは縄文時代以来の日本の土着の宗教にも通じます。

空海は、入唐するまでの山岳・難所での修行を通して天地自然のなかに「いのち」を感得する力を獲得していたことは、間違いないでしょう。とすれば、それはアニミズムを根底にもつ宗教であったといえるのではないでしょうか。

◇入唐への決意

ところで、このような空海に、まさに偶然にも大きなチャンスが訪れました。延暦二十二年（八〇三）、藤原葛野麻呂を大使とする遣唐使が派遣されることになりました。ところが、この船団（遣唐使船は四隻で行きます）が難波津を出てから六日目に暴風雨に遭って引き返してきました。そして出発は翌年まで延期されることになりました。

空海が入唐を思い立ったのは、この延期が決まってからのようです。延期の情報をキャッチするや、入唐への意欲が高揚したようです。とはいえ、遣唐使の一行に加わるには、並大抵のことではありません。おそらく、色々と手を尽くしたのでしょう。

遣唐使船の延期が決まった直後の四月に、これまで私度僧であった空海は、正式に官僧になっています。留学生として渡唐を申請するための資格として必要だったのでしょう。

ただ、なぜ空海が入唐しようと思ったのでしょうか。ふつうに考えれば、「真言密教を請益するため」ということになるかも知れません。しかし、それは結果としてそうなったということではないでしょうか。

もちろん、このころ唐に新しい仏教として密教が伝来していたということを空海は十分承知していたでしょう。先にもお話ししましたが、空海は山岳・難所での厳しい修行を通して、すでに自身の宗教を確立していたと思われます。それと密教との関係もわかっていたはずです。とすれば、自分の確立した宗教を、普遍性のある、より高次なものに体系づける必要性を感じていたということも考えられるのではないでしょうか。

それと共に、私は当時の時代背景を考えれば、どうしても入唐しなければならない事情があったように思います。それは空海の確立した宗教が、おそらく空海はどの宗教よりも優れたものであるという自信をもっていたのではないでしょうか。これを活用することこそ宗教の使命でしょう。それは自己の利益のためではなく、広く人びとの苦しみを救うために活用しなければ空しいと考えたでしょう。

◇入唐の必要性

日本列島はユーラシア大陸の東端の島国です。大陸とは海によって隔てられているため、外来文化の伝来にも制約があります。それゆえ、外来文化は特に尊重されました。外来であるというだけで権威を感じる時代でした。

明治以後、あるいは第二次世界大戦以後、「舶来品」というだけで「高級品」として尊重されていました。特に、空海の時代は唐風文化全盛の時代でした。「生存率四分の一」の危険を犯してまでも渡唐を志願したのは、そのような外来文化の摂取に対する意欲のあらわれでした。

先述したように空海は、山岳修行の結果として、天地自然の「いのち」と交流できたでしょう。しかし、空海がいかに素晴らしい宗教を樹立しようと、日本にいる限り、それを人々の救済に活用する範囲は限定されます。みずからの宗教を広く世間に認めさせ、多くの人々の救済に役立てるには、入唐して「箔付け」をすることが不可欠だったのです。

空海は、世俗を嫌い、大学を中退しました。しかし、入唐して「箔付け」をすることは、けっして空海自身が嫌っていた世俗ではありません。「利他」のための方便です。こうして空海は入唐を決意することになったのだと思います。

◇「留学生」として

遣唐使の出発が一年延期され、翌延暦二十三年(八〇四)三月末に改めて遣唐大使の藤原葛野麻呂に「節刀」が授けられました。外征の将軍待遇です。空海は大使葛野麻呂の乗船する第一船に乗りました。ちなみに、のちに日本天台宗を開いた最澄は第二船に乗りました。

留学生というのは、二十年以上の長期留学が原則です。しかも、滞在費の大部分は私費です。空海は、讃岐の実家をはじめ多くの空海を支援する人々から、二十年間の生活費や文物の購入費などを募金によって調達したのではないでしょうか。

最澄は還学生《げんがくしょう》でした。還学生は、短期留学というよりは、今日でいえば、大学教授の視察旅行のようなものです。遣唐使の帰還と共に帰還します。文物の購入費その他一切は官から支給されます。当時、最澄は桓武天皇の「お気に入り」でしたから、天皇から「箔付け」の機会を与えられたのでしょう。

空海は、大学を中退して山岳修行に没頭したほどですから、中央政府では無名の存在でした。しかし彼は、国家的支援が皆無に近い状態で、生還率4分の一といわれるほどの航海の危険を伴う遣唐使の留学生としてみずから応募したのです。これを客観的にみるならば、「なぜ?」と思わざるを得ません。

しかし、空海は、命を懸けた航海であろうとも、多額の費用が必要であろうとも、渡唐への思いを押さえることができなかったのでしょう。そこには単なる山岳修行者を超えて高いところを見据えた、熱い思いがあったからでしょう。

◇サンスクリットの習得

遣唐大使藤原葛野麻呂や空海の乗る第一船は方向を間違えたのか、三十四日もかかって、延暦二十三年(八〇四)八月十日に唐の南部の福州の地に漂着しました。ただ、現地の役人は、この一行が公的な任務を帯びた船であるということをなかなか認めてくれません。この間の困難な経過は省略したいと思いますが、ただここでも空海の文章力が大いに役立ちました。

藤原葛野麻呂や空海の一行が福州を発ったのは十一月三日で、目的地の唐の都・長安に着いたのは十二月二十一日でした。そして三月に葛野麻呂が長安を去るまでは、空海も遣唐使の一行と行動を共にしましたが、葛野麻呂が長安を離れると、彼は西明寺に移り、そこを宿舎にして留学生としての活動を開始しました。

まず、インド僧の般若三蔵や牟尼室利三蔵に就いてサンスクリットやインドの言語哲学等を学びました。わずか五か月ほどでサンスクリットを習得したといわれます。

ちなみに、般若三蔵は、空海をよほど気に入ったのか、また期待するところが大きかったのか、牟尼室利三蔵と共に訳した『華厳経』一部四十巻をはじめ、彼らが訳した経典をすべて空海にプレゼントしています。

◇恵果から密教のすべてを伝授

空海の入唐の大きな目的は密教を学ぶことにあったはずですが、真言密教第七祖として密教の正系を伝えているといわれる恵果和尚《けいかわじょう》を青龍寺に訪ねたのは、西明寺に居を定めてから三か月ほど経ってからです。

唐に伝来した仏教密教には二系統がありました。『金剛頂経』系の密教と『大日経』系の密教です。前者の密教を唐に伝えたのはインド僧の金剛智です。

金剛智の弟子の不空金剛もインド系の唐人ですが、金剛智の死後、インドに行って、さらに深く密教を学んできました。そして密教経典を多数持ち帰って唐語に翻訳しました。そして唐における『金剛頂経』系の密教を大成したといわれています。

唐に戻った不空は、唐の朝廷からまるで大臣待遇を受けるほど重んじられました。恵果は、金剛智と弟子の不空から密教の正系を伝授されていました。ただ、この時点で『金剛頂経』系の密教の伝承者は恵果ただ一人でした。

また、後者の密教を唐に伝えたのは、インド僧・善無畏ですが、恵果はその弟子・玄超から『大日経』系の密教も伝授されたといわれます。したがって、両系統の密教を併せて一人で伝授されたのは、恵果だけでした。

しかし、空海が恵果を訪ねたとき、恵果はすでに死期を予感するほどの状態になっていました。そこで恵果は、空海のためにわずか三か月ほどの間に胎蔵(界)灌頂(六月)・金剛界灌頂(七月)・伝法阿闍梨位灌頂(八月)を授けました。これまでに金剛界と胎蔵の両部の潅頂を授けられたのは、恵果の弟子一千人と言われる中で、義明ただ一人でした。そこに空海が加わったのです。

また伝法阿闍梨位というのは、「密教界の王位」とでもいうべき地位です。これでもって空海は恵果の門人の筆頭となったわけです。このことから恵果の門人たちの間では不満の声があがったようです。しかし、恵果はそれらの声を意に解しませんでした。それだけ恵果は空海を高く評価していたのでしょう。

こうして真言密教の正系を継承する儀式を終えた空海は、唐のしきたりに従って、恵果の門人をはじめ有縁の人々を招いた感謝の宴会をしなければなりません。五百人を招きました。この費用は空海がもたねばなりません。二十年間の留学費用を持参してきたとはいえ、空海にとっては大きな負担であったでしょう。

空海は恵果から密教のすべてを譲られたわけですから、密教に関する経典や陀羅尼はもとより、曼陀羅などの絵像類や密具・法具が必要です。経典類は写経生二十余人に依頼しました。また恵果は、絵画類や密具・法具類も帝室供奉の画工など、当時の長安の超一流の職人に依頼しました。これらの費用は莫大なものであったと思われます。

空海は恵果に伝法の謝礼として五百貫文を納めています。ただ、おそらくこれだけでは賄いきれない費用だったでしょう。おそらく残りは恵果の好意に甘えたのだと思います。

こうして空海は恵果のもっている密教のすべてを譲り受けたのでした。

◇早期の帰国

ここで現実の問題となるのが、留学の期間である二十年間という問題です。空海は、短期間で二十年間以上の成果を得てしまいました。とすれば、二十年間も唐に滞在する必要があるでしょうか。

先にお話したところですが、空海はすでに自分の宗教を確立していました。入唐の目的は、それを普及すること、すなわち、「利他」のための「箔付け」です。一刻も早く帰国することこそ、目的のために必要だとの思いはあったと思います。

ただ、国家からは留学生として派遣されたのです。それを無視することは、空海自身、「欠期の罪」と記しているように、大罪になります。

また、滞在費の問題もあるでしょうが、空海ほどの才能があれば、しかも当時の開かれた唐の都・長安であれば、解決の道はあったかも知れません。さらに壮年の才気あふれる空海としては、「グローバル世界」といえる長安で、グローバルな知識を獲得したいという欲望も生じたかも知れません。心は揺れ動いたのではないでしょうか。そのなかで決定的となったのは、異例の形で密教のすべてを伝授してくれた恵果の言葉だったでしょう。

◇帰国の理由

空海は、帰国報告書ともいうべき『御請来目録』を朝廷に提出しました。ここには空海が持ち帰った経典や仏典の研究書、注釈書などの書物、密教に不可欠の曼荼羅などの図像、あるいは加持祈祷に必要な法具などのリストと共に、勅命に違って二年で帰国した弁明も述べられています。

そこには、師・恵果の言葉として、次のように記されています。

今、この土の縁尽きぬ。久しく住すること能はず。(中略)今、すなわち授法の有るなり。経像の功、畢んぬ。

「いよいよ自分の寿命が尽きようとしている。授法は終わった。経典の書写や仏具の製作も終了した」と言って、さらに

早く郷国に帰りて、以て国家に奉り、天下に流布して、蒼生の福を増せ。然れば則ち、四海泰けく、万人楽しまむ。是れ則ち、仏恩を報じ、師徳を報ず。国の為めには忠なり。家においては孝なり。義明の供奉は此処にて伝へん。汝は其れ行きて、これを東国に伝へよ」と。

すなわち、「早く日本に帰って、これらを天皇に奉り、広く天下に広めて人びとの幸福を増しなさい。そうすれば世界は安泰になり、万人は安楽に暮らせる。これこそ仏恩に報いると共に師の徳に報いることである。それは国の為には忠であり、家の為には孝である。義明に伝えた密教は唐土で伝えたい。あなたはこの密教を持って帰り、東国（日本）に伝えなさい」と、空海に帰国を勧めているのです。恵果としては、一日も早く、日本に密教を広めてほしいという希望と共に、二十年間の留学費を使い果たした空海に対する思いやりもあったのではないでしょうか。

恵果は、その年の十二月十五日に入滅しましたが、その様子も記されています。

この夜、道場において持念するに、和尚、宛然として前に立てりて告げて曰く、『我と汝と久しく契約有りて、誓って密蔵を弘む。我れ東国に生まれて、必ず弟子とならむ』と。

入滅直後の恵果の霊が空海の前にあらわれて、「私とあなたと誓って密教をひろめよう。私は東国（日本）に生まれて、あなたの弟子になりましょう」と空海に告げたというのです。恵果は死に臨んでも、空海に協力して日本への布教をしたい旨を述べているのです。空海の早期帰国を応援する言葉でもあるでしょう。

ただ、この恵果が「空海の弟子になりたい」と空海に告げた言葉の裏には、もう一つ別の意味も感じます。空海の自信です。先に空海の宗教は入唐前に確立されていたということを述べました。すなわち、空海の確立した宗教は恵果から授けられたもの以上であるということを恵果が認めてくれたという、空海の自信のあらわれの反映ではないでしょうか。実際、帰国後の空海は、恵果らから授けられた経典を用いてはいますが、独自の宗教論を展開しています。

それはともかく、空海は恵果の言葉によって、「違勅の罪」を犯してまでも、早期帰国の道を選んだのです。

◇度重なる偶然

ところが、このとき「たまたま」日本から使者が来ました。順帝の即位の慶賀の使者として高階遠成《たかしなのとおなり》が入唐したのです。(順帝はすぐに崩御しましたから、慶弔が逆になりました)。ふつう遣唐使は二十年程度の間隔で派遣されますから、まさに「たまたま」というしかありません。

ここで空海は高階遠成と相談しました。遠成は話のわかる人物であったようです。唐の皇帝への帰国の手続きもしてくれました。こうして「留学生としての派遣」という当初の予定を変更して急遽、帰国することになったのです。

余談ですが、もし高階遠成の派遣がなく、空海の帰国がなければ、次の遣唐使の派遣は承和九年(八三八)で、それは空海の入滅後のことですから、空海による日本の真言宗は立宗されていなかったかも知れません。空海の入唐には、多くの「たまたま」が重なっていたように思います。

第四章

空海による「日本仏教」の樹立

◇空海の真言宗の位置づけ

恵果から伝授された密教はどのようなものであったのでしょうか。密教の根本経典は『大日経』と『金剛頂経』とです。ただ、この両経典は、本来はまったく別系統のものであったといわれます。この両経典を統合したのは不空金剛（インド名、アモーガヴァジュラ）であるといわれていますが、しかし、教理的に完全に融合されたものではありませんでした。

空海は唐から帰国して十三年を経た四十六歳のときに著した『即身成仏義』や晩年ともいうべき五十七歳になって著した『十住心論』などの著作によって、空海は独自の真言密教を体系づけております。

中学や高校の教科書では「空海が唐から真言宗を伝えた」という旨のことを記しています。しかし、厳密にいうと決してそうではなく、空海が開いた日本の真言宗は、空海の独創であって空海が大成したものです。まさに空海は最初の「日本仏教」の樹立者といえるのです。

◇「六大」という概念

では、空海の仏教の特色はどこにあるのでしょうか。空海の思想の根本に「即身成仏」があると言われています。即身成仏というのは、この生身の身体のままで仏になれるということです。

その原理は、『即身成仏義』という著書に述べられています。その「偈《げ》」に要点が凝縮されています。冒頭の句は次の通りです。

六大は無碍《むげ》にして常に瑜伽《ゆか》なり。

「六大」というのは、「地・水・火・風・空」という天地自然(宇宙・世界)を構成している物質的要素である「五大」に、心的作用である「識(心)」を加えたものをいいます。

「無碍にして」というのは、互いに遮るものはないという意味です。そして「瑜伽なり」とは、「混ざりあっている」というのではなく、「溶け合っている」という意味です。すなわち、天地自然のあらゆるものは、物質的要素である「五大」と「識(心)」とが完全に溶け合って成り立っているというのです。

ところで、立川武蔵によりますと、六大という概念は、インド仏教にも中国仏教にもなかったといわれております。インドや中国では、「天地自然は物質的要素である『五大』で構成されている」と考えられていたのです。しかし、空海はそこに「識(心)」を加えて「六大」にしたのです。（立川武蔵『最澄と空海』第九章「空海のマンダラ理論」）ということは、「六大」という概念は、空海の独創ということになります。

すなわち、空海は、宇宙を構成する要素のなかに「識（心）」を含むのですが、このことは、言い換えれば、天地自然のすべてのもの―例えば、草や木、さらには岩石に至るまで、すべてに「識（心）」が宿っているということになります。

この思想は、アニミズムといえるでしょう。空海が「六大」という概念を持ち込んだ背景に、空海自身に縄文時代以来のアニミズムが存していたということが考えられるのではないでしょうか。

ところで、天地自然のすべてに六大が融合しているということは、それらはそれぞれが同質であるということにもなります。言い換えれば、「仏」も「衆生」も、根底においては同質であると言えるでしょう。ここに即身成仏を可能にする前提があるのです。

◇即身成仏の原理

『即身成仏義』の「偈」の第三句目には、即身成仏の原理が明かされています。

三密《さんみつ》を加持《かじ》すれば速疾に顕はる。

三密とは、三種の秘密の行という意味で、具体的には「身」「口」「意」の行のことです。「身」とは身体的行為です。「口」とは言語的行為です。「意」とは精神的行為です。

このことについては、次のように説明しています。

もし真言行人にあってこの義を観察し、手に印契を作し、口に真言を誦へ、心三摩地《さんまじ》に住すれば、三密相応して加持するが故に、早く大悉地《だいしっち》を得る。

手に印契を結ぶことが「身」にあたります。口に真言を誦えることが「口」にあたります。そして心を仏の世界（三摩地）に置くことが「意」にあたります。手に印を結び、真言を唱えて、心を仏の世界におくことを一体として行うことによって、悟りの境地（大悉地）に達して成仏できるというのです。

◇「加持」と「入我我入」

ところで、ここにある「三密を加持すれば」の加持についても、少し説明しておきましょう。加持というのは、ふつう、神や仏が衆生を加護する意に用いられています。しかし、空海は加持を次のように説明しています。

加持とは、如来の大悲と衆生の信心とを表す。仏日の影、衆生の心水に現ずるを加といい、行者の心水の仏日を感ずるを持と名づく。

加持の語を「加」と「持」とに分けて説いています。「如来の大悲」が衆生の心に投影されることが「加」であり、「行者(衆生)の心」が如来の心を受けとめれることが「持」です。すなわち、如来と衆生とが感応しあうことが加持です。

また、『大日経開題』によりますと、加持とは「入我我入」のことだといいます。「入我我入」を『秘蔵記』では、次のように説明しています。

諸仏を我が身中に引入す。これを入我という。わが身を諸仏の身中に引入す。これを我入という。

仏の「いのち」を衆生の身中に引き入れることが入我です。それは先述した加持の「加」にあたります。反対に衆生の心が仏の中に入り込むことが「我入」です。加持の「持」です。こうして仏と衆生とが完全に融合しあえば、仏と行者（衆生）の区別はなくなります。すなわち、行者（衆生）も仏になり得るのです。そしてこのことは「三密を加持」することによって速やかに達成できる――即身成仏できるというのです。

◇仏とは何か

ところで、空海のいう「仏とは何か」についてお話をしておきたいと思います。

空海は『即身成仏義』の中で、宇宙（世界）を「三摩耶身となす」と言っております。「三摩耶身」とは、仏（大日如来）の身体のことです。ということは、宇宙が即ち大日如来であるということになります。

宇宙が大日如来であるならば、宇宙に存在する個別のもの――すなわち、諸仏・諸菩薩・諸霊、さらには山や川や樹木、あるいは人間も――は、その部分であり、大日如来の分身ということなるでしょう。

空海には自然を詠んだ詩がたくさんあります。その一つ、『性霊集』の中に収められた「山に入る興」と題した詩を紹介したいと思います。

ここでいう「山」とは、高野山のことです。冒頭で、都にいる知人が空海に対して、「どうして寒い険しい深山である高野山に入いられたのですか」と尋ね、都のすばらしさを説いて帰京を勧めています。それに対して空海は、次のように詩で返答しています

南山の松石は看れども厭かず。

南嶽の清流は憐ぶこと已《や》まず。


「南山」「南嶽」というのは高野山のことです。「高野山の木々や岩石などの自然はいくら見ても見飽きることはありません。清らかな水の流れは愛おしいかぎりです。」と高野山の大自然のすばらしさを述べています。

そしてそのあとで都の人に、次のように諭しています。


浮華の名利の毒に慢ること莫れ。

三界を火宅の裏に焼くること莫れ。
斗藪して早く法身の里に入れ。

すなわち、「世俗の名声や利益に慢心してはなりません。そしてあなたは『法華経』の『火宅の喩え』にあるように、家の屋根が火に焼けているにもかかわらず、何の心配もせずに過ごしていると焼かれてしまいますよ。早急に仏の世界に入りなさい」と、戒めているのです。

仏の世界とは、この詩の言葉でいえば、「法身の里」ですが、それはこの詩の前段部と合わせて読めば、「高野山の大自然」のことを指しているということに間違いありません。とすれば、空海にとっての「仏」とは、天地自然そのものに他ならないといえるのではないでしょうか。

ということは、空海のいう「即身成仏」とは、「天地自然と一体となること」であるといえるでしょう。

◇「父の精、母の陰に入る」

ところで、先の「加持」に戻りますが、それについて空海は、次のような説明もしています。

これは空海の「生命観」を考える上で重要な意味をもっていると考えられるので、敢えて取り上げたいと思います。『秘蔵記』の中で、

また、加とは、たとへば父の精をもって母の陰に入るゝ時、母の胎蔵よく受持して種子を生長するがごとし。

とあります。

「父の精が母の陰に入」ること、それが「加」であり、「母の胎蔵よく受持」することが「持」であるというのです。そしてその結果として、「種子を生長する」と捉えています。

これまでに「加持」あるいは「入我我入」として述べてきたのは、「加」と「持」の両方向からのベクトルの結果として、仏（天地自然、宇宙）と個（衆生）との融合・一体という面に着目したものでした。しかし、ここでは「加」のベクトルを受けとめるのが「持」であるとし、その結果として、「種子の生長」という新しい価値に着目しているのです。

「父の精が母の陰に入る」というセックスを前提とした例に眉をひそめる方があるかも知れません。しかし、私は、空海が敢えてこのような例を挙げたことに注目しなければならないと思います。それは、「いのち」の捉え方、さらに大きくいえば、世界（宇宙・天地自然）の

捉え方にあります。

◇セックスの極地こそ菩薩の位

空海が樹立した日本の真言宗の根本経典の一つに、『般若理趣経』という経典があります。ここに次の句があります。

妙適清浄句、是菩薩位　（妙適は清浄の句、是れ菩薩の位なり）

「妙適」とは、男女のセックスにおいて、恍惚の境地に入ることをいいます。その境地は、清浄であり、それは菩薩の位であるというのです。ここには奥深い意味があることはいうまでもありません。

空海と最澄は、最終的には仲違いをしました。その原因は、最澄がこの『般若理趣経』の借用を依頼しました。最澄の依頼に対して空海は断りの手紙を書きました。「密教の経典は経典の文字の解釈だけでわかるものではない。自分のもとで徹底した修行をした上でないと、この経典は見せられない」といって断ったのです。

最澄ほどの人物にさえ、「妙適清浄句、是菩薩位」という語句のあるこの経典を見せることを空海は躊躇ったのです。密教の神髄を体得する前にこの経典を見れば、誤解が生じるのではないかと恐れたからでしょう。実際、中世に真言宗の内部に誤解が生じたように、この経典にはそのような危険性を内包しています。

では、密教の神髄とは何でしょうか。空海は山岳・難所での厳しい修行をしました。そこでさまざまな天地自然の真実・真理を獲得したと思います。

天地自然にはさまざまな「いのち」が生き、生かされ、そして「いのち」を継承しています。そのなかに浸って修行した空海は、天地自然そのものを活動する「いのち」として捉えているのです。そしてこれを真実の姿（実相）であるとみています。

このようにして形成された空海の世界観（宇宙観・自然観）のなかで、『般若理趣経』のいう「妙適清浄句、是菩薩位」を位置づけたのではないでしょうか。

いうまでもなく、天地自然には摂理があります。その摂理のなかに「いのち」の継承がありますます。こんにち、夫婦の子供を「愛の結晶」と言い表すことがありますが、まさに「妙適」は「清浄」であり、天地自然の摂理に合致しているゆえに「菩薩の位」であるといえるのではないでしょうか。

◇継承する「いのち」

私たちは今、人生を生きています。そしてソクラテスやプラトンやアリストテレス、あるいは孔子の思想を引くまでもなく、多くの偉人が人生の生き方を考えてきました。そして偉人たちの導き出した結論は「よく生きる」ことでした。

しかし、「よく生きる」とは、「今ある人生」―この世に生まれてから死ぬまでの人生―という視点のなかで考え、導き出した結論であるに過ぎません。

それに対して、空海がここで、「父の精をもって母の陰に入るゝ時」、あるいは「妙適清浄句、是菩薩位」と捉えたのは、そのような「今ある人生」だけの問題ではありません。過去から現在へと受け継いできた「いのち」を未来に引き継ぐという天地自然（宇宙）的視野で捉えているのです。

現在、日本は超少子化のなかにいます。日本のみならず、先進国のなかには少子化が進行する国が多いようです。その原因はいろいろありますが、「人生を楽しみたいので結婚しない」という人が多いのも否定できないと思います。それらの人は人生を「個としての人生」「自分の人生」としてしか捉えていないのではないでしょうか。

しかし、いうまでもなく、今生きている自分の「いのち」は、代々の祖先から引き継いできたた「いのち」です。そしてこの「いのち」は子々孫々、未来へ伝えていかなければなりません。とすれば、今、自分が生きている人生は、悠久の過去から永遠の未来へと継承していく「いのち」の過程の一コマであるということにもなります。「人生を楽しみたいので結婚しない」という人は、「継承するいのち」という視点が欠落していると言わざるを得ないように思います。

◇釈迦仏教と空海の相違

ところで、「妙適は清浄である」など述べると、空海はブッダ（釈迦）の仏教を否定しているように思われる向きがあるかも知れません。形式的には、仏教密教そのものは釈迦の教えというよりは、大日如来の教えを直接に受けたことになっています。とはいえ、決して空海は釈迦の教えを否定しているのではありません。空海は、繰り返し、繰り返し、「諸行無常」「諸法無我」が真実であることを認めています。ただ、それを仏教の教えの「第一歩目」と捉えていたのではないでしょうか。

釈迦仏教の根本にあるのは、「諸行無常」「諸法無我」にあるでしょう。それは釈迦が、「いかにして人々の苦を消滅させるのか」という課題を追求するなかで見出した真理でした。苦の根源に我欲・我執があり、煩悩があります。それを消滅させることによって苦からのがれることができます。それは「諸行無常」「諸法無我」という真理を覚ることによって可能でした。

しかし、それで終わりではないはずです。仮にそれで終われば、人類は滅亡してしまうでしょう。現にわれわれはこの天地自然のなかに生きています。また天地自然のなかには、さまざまな「いのち」も生きています。とすれば、そこでの生き方が求められるでしょう。

では、その生き方とは何でしょうか。それは天地自然の摂理に沿った生き方ではないでしょうか。そして天地自然のさまざまな「いのち」が生き、生かされる環境を維持することではないでしょうか。

ところで、煩悩の原因は欲でしょう。それは「苦」を生み出し、他者を害することもあります。しかし、一方で欲は、われわれが生きる上での活力の源泉でもあります。そしてさまざまな欲の中には、「他者のために役立ちたい」というような欲もあるでしょう。

前者は、否定されなければならない欲ですが、後者は、すべての「いのち」が生きるうえで必要な欲です。それは「諸行無常」「諸法無我」を覚った後に残る欲です。浄化された欲です。このような清浄な欲を「大欲」と称しています。

空海は、このような清浄な欲を発揮させ、この世界（宇宙・天地自然）を、いかにしていっそう素晴らしいものにするかということを説いているのだと私は理解しています。

◇天地自然の摂理の感得

では、この考え方はどこからきたのでしょうか。空海の理論は、単なる抽象的な議論ではありません。これまでに縷々のべてきましたが、空海は若いころから厳しい山岳難所での修行に身を投じました。その中で天地自然の「いのち」と触れあい、融合しあう体験をしました。「加持」・「入我我入」・「父の精をもって母の陰に入るゝ時、母の胎蔵よく受持して種子を生長するがごとし」あるいは「妙適清浄句、是菩薩位」などは、そこで獲得した真理であったと思います。

それは空海の独創ではありますが、しかし、厳密にいうと空海の独創ではなく、縄文時代以来の、天地自然と一体となって生きてきた日本人が感得していたものであるということもできるでしょう。

例えば、『古事記』の「国生み神話」に、次のような記事があります。

ここにその妹・伊耶那美命《いざなみのみこと》に問ひて曰りたまはく、「汝が身は如何か成れる」と問ひたまへば、「吾が身は成り成りて成り合はざる處一處あり」と答へたまひき。ここに伊耶那岐命《いざなきのみこと》詔りたまはく、「我が身は成り成りて成り余れる處一處あり。故、この吾が身の成り余れる處をもちて、汝が身の成り合はざる處にさし塞ぎて、国土を生み成さむと以為《おも》ふ。生むこと奈何《いか》に」とのりたまへば、「然か善けむ」と答へたまひき。

イザナキの神とイザナミの神の男女の二神は、天つ神の委任によって、国土の形成、さらには生命が生きていく上で必要な諸々を生むように命じられました。そこでオノゴロ島という島に天降って結婚をしました。そのときの会話が先に引用したものです。

イザナキの神はイザナミの神に、「お前の身体はどのようにできてきたか」とたずねられました。イザナミは、「私の身体はだんだん整ってきましたが、まだ足りないところが一箇所あります」と答えました。

イザナキの神も「私の身体はだんだん整ってきましたが、でき過ぎて余ったところが一箇所あります。だから、お前の身体の足りないところに、私の身体の余ったところを挿し塞いで国土を生もうと思うがどうか」と提案されました。

この会話を、ある神職は、「古事記はすばらしい古典だと思うが、この部分だけはいただけない」と言って顔をしかめました。しかし、これは後世の倫理観に慣れされた故の発言であって、私はここには日本の上代の人々の生き方のすばらしい指針が示されていると思います。それは「天地自然の摂理」にしたがって生きることであり、そこに「天地自然の真理」があると思います。

イザナキ、イザナミの二神の会話からうかがえることは、この世のすべての「いのち」の誕生の背景に男女という二元が存在し、その感応の結果として新しい「いのち」が誕生し、その継承によって天地自然（宇宙）の永遠が保障されるということ、そしてこの二元は対立する二元ではなく、補完しあう二元であるということなどです。

空海もまた、この天地自然の真理を、思惟の結果というよりは、山岳・難所での修業で、天地自然にどっぷりと浸るなかで感得したものと思われます。

◇金剛界と胎蔵

先に二元ということを述べました。ところで、空海の大成した日本の真言宗の重要な要素として「金剛界」と「胎蔵（界）」の「両部不二の思想」がありますが、この根底には男女の二元の思想があります。

密教の根本経典に『大日経』と『金剛頂経』がありますが、空海は『大日経』の世界である胎蔵が大日如来の慈悲、『金剛頂経』の世界である金剛界が大日如来の智恵を表すとして、両者を合一した二曼荼羅をみずからの教学の支柱とし、この両経典を完全に融合させました。

空海は唐から帰国するにあたって、この両経典の世界を描いた「金剛界曼荼羅」と「胎蔵曼荼羅」を持ち帰りました。わが国ではこの両者をあわせて「両界曼荼羅」あるいは「両部曼荼羅」と称しています。この両曼荼羅を融合したのが「両部不二の思想」です。

ところで、「胎蔵」の「胎」は、「ものが生ずる源泉」という意味です。また、「胎内」の「胎」であり、「子宮」という意味もあります。空海が持ち帰った「胎蔵曼荼羅」には、多数の女体の仏・菩薩の姿が描かれています。すなわち、「胎蔵曼荼羅」は女性原理を表しているのです。

古代インドでは、金剛界には男性を表す記号「△」が、胎蔵には女性を表す「▽」の記号が付されています。したがって、金胎二元とは、男女二元と解することができるのです。

山折哲雄の説明を借りると、「絶対の智を代表する金剛界マンダラが男性・父性・ファルロスもしくは精子を象徴する構想であるのにたいし、胎蔵部マンダラが女性・母性・ヴァギナもしくは子宮を象徴する構想であることはいうまでもない。(中略)性器(リンガ)、胎(ヨーニ)、種子(ビージャ)などの生理学的概念を用いて、高度の形而上学説を体系的に組み立てようとするエネルギーは、ことの当否を論ずる以前に、とりわけインドに由来する密教思想に特徴的な性格であるように思われる」と述べておられます。(山折哲雄「神秘への跳躍」

（『日本仏教思想論序説』）

◇「男女二元」は日本の思想

では、なぜ、空海は男女を表す金剛界と胎蔵（界）という両界をその思想の根本においたのでしょうか。

私は、先に、イザナキ・イザナミ両神の国生み神話を紹介しました。そこで述べられている原理とは、イザナミの神（女）の「成り成りて成り合はざる処」に、イザナキの神（男）の「成り成りて成り余れる処に刺し塞ぎて」万物を生むことでした。

日本の上代の人々は、我々の住む世界の原理として、男女のような二元の存在を感得していたのです。そのことが、空海においても、単に「大日如来の世界」を一元的に説くのではなく、金剛界と胎蔵（界）という両界を設定した所以ではないでしょうか。そしてこれを一体、すなわち「両部不二」として説いているのです

では、両部を置きながら「不二」とは何でしょうか。私は、これも日本上代の人びとの思想を前提としたものであると思います。

すなわち、『古事記』は十冒頭で宇宙のはじまりを次のように説いています。

天地、初めて発《ひら》けし時、高天原に成れる神の名は、天之御中主神《あめのみなかぬしのかみ》、次に高御産巣日神《たかみむすひのかみ》、次に神産巣日神《かむむすひのかみ》。この三柱の神はみな独神《ひとり》と成り坐して、身を隠したまひき。

天地がはじめて開けた時にアメノミナカヌシの神とタカミムスヒの神とカムムスヒの神の三柱の神が出現されたというのです。

タカミムスヒとカムムスヒの二柱の「ムスヒ」の神は、天地自然に内在している「ムス」働き、すなわち、生産力を神格化した神です。生産力の神格化ならば、「ムスヒの神」として、一神でも説明がつくはずです。しかし、日本神話では、「タカミムスヒ」「カムムスヒ」の二神を置いているのです。

『古事記』の展開を見れば、タカミムスヒは高天原の神、言い換えれば、皇室の祖先神の側の神として語られています。それに対してカムムスヒは、後には出雲神話と関わりを持ちながら登場します。出雲世界とは、「高天原」世界に対して「地」の世界です。この意味で、タカミムスヒとカムムスヒとは、天地二元を前提として設定されているといえるでしょう。

「地」には、万物を生み出す働きがあります。まさに「母なる大地」であって、女性的ともいえます。それに対する「天」は男性的であるといえるでしょう。それゆえに、二柱のムスヒの神は、男女二元に置き換えることもできるのではないでしょうか。すなわち、ムスヒの神を二柱としたのは、「いのち」を生み出す力として、男女の二元の原理を前提としたからであるといえるのです。

すなわち、「ムスヒ」の原理として、明らかに男女の「二元」が存在します。それを日本の上代の人びとは、タカミムスヒとカムムスヒとして捉えました。しかし、現実の宇宙は、この「二元」を合わせて存在しています。とすれば、「ムスヒ」の二神の前におかれた天御中主神は、その両原理を統合した存在として設定されたのではないでしょうか。「二にして一」の「一」にあたるのです。

すなわち、「金剛界」と「胎蔵（界）」という男女の原理としての両界（両部）を一体としてとらえる「両部不二の思想」とは、まさに日本神話にみられるように、日本の土壌の中で形成された思想の密教的解釈といえるのではないでしょうか。

◇空海と高野山

空海の生涯を概観した場合、まさに名前の通り、空も海も包含したような幅広い思想をもって活動しています。一面には、世俗との関わりの中での宗教活動があります。東寺を拠点として密教の国家宗教化を図ったこと、さらに綜藝種智院での庶民教育などの社会活動などがあげられるでしょう。

これに対してもう一つの面は、高野山を拠点とした活動です。それは活動というよりも修業の場であり、隠棲の場であったと思われます。高野山は京都から遠く離れ、森林・清流に恵まれ、世俗から隔絶した世界であって、まさに大自然との交流には最適の場です。

ところで、密教学者で高野山真言宗元管長の松長有慶師は、空海の高野山隠棲について、「社会活動の場としての東寺を中心とする教化活動の休息、ないし停止を意味している」と述べ、さらに「大師の非俗志向の源流は、中国密教ではなく、インド密教にあると考えねばならない」と指摘されています。（松永有慶「真言教学における伝統と創造」（『中外日報』昭和54年1月、のち宮坂宥勝編『思想読本 空海』再録）。

密教が根底に大自然との交流を目指す性格をもっていることは明らかです。インドのヨーガがそれにあたるならば、松長の指摘は間違っているわけではありません。しかも、空海が密教を学んだのは唐の青竜寺の恵果でしたが、しかし、それはインドに源流をもつ密教でしたから当然の指摘であると言えるでしょう。

また、空海自身も、広略二種の『付法伝』を書いて、自らがインド以来の密教の正系の継承者であることを強調しています。

ただ、当時、付法の正当性のみに価値を認める価値観が背景に存した時代であったことを考慮すれば、このように主張せざるを得なかったのだと思います。したがって、この点は割り引いて考えなければなりません。

空海の思想は、これまでに私がたびたび述べてきたように、入唐以前に形成されていたものと思われます。入唐以前の空海は、山岳・難所での修行に打ち込みました。そのなかで空海の思想・宗教が形成されたのではないでしょうか。

◇空海の修行体験の一齣

若き日の空海が著した『三教指帰』の序に、次のように記されています。

阿国大滝嶽によじのぼり、土室戸に勤念す。谷、響を惜しまず。明星来影す。

空海は、阿波の大滝嶽や土佐の室戸岬などの山岳・難所を巡って厳しい修行をしていました。そのとき虚空蔵菩薩の標であるとされる明星（金星）が空海の身体の中に入り込んできた、と言います。空海と明星、さらにいえば、空海と宇宙とが一体となった瞬間と言えるのではないでしょうか。

この体験について、立川武蔵は、「インドの修行者ならばそのようにはいわなかったのではないか」「インド仏教密教に関するかぎり、行者の前に立ち現れる尊格は、あくまで『人間に近いイメージのもの』であって、神格化された自然ではない」「空海の体験は、インドの観法が述べる境地そのものというよりは、日本の山岳宗教あるいは神道の実践の要素を多分に含んだものであったように思われるのである」と述べておられます（立川武蔵『最澄と空海』第八章 密教行者としての空海）。

立川の指摘するように、空海の密教の根底にあるものは、インド密教というよりは、あくまでも日本の天地自然の中での修行体験で形成されたオリジナルなものであったと言えると思います。

◇空海のカミ信仰

空海と親交があったと思われる宮内省の主殿寮の助（次官）であった布勢海《ふせのあま》宛の書簡があります。

この書簡は弘仁七年（八一六）六月十九日付のもので、高野山を修行の場として下賜を請う上表文の提出を布勢海に託し、それに添えた私信です。（高野山を空海に下賜する官符が、弘仁七年七月八日に紀伊国国司に下されています）。

　この書簡に次のようなことが記されています。

　空海は唐から帰国するときに、たびたび船が漂流する危機に遭遇しました。航海技術の未熟なころのことです。実際、多くの遣唐使船が海の藻屑となって消え去って行きました。

　危機に遭遇したとき空海は、日本の神々に誓願しました。その誓願の内容は、無事に帰朝できれば、「諸天の威光を増し、国土を護り、衆生を救うために禅院を建立したい」というものでした。そして「神々の霊験のお陰で無事に帰朝することができた。この誓願を実現できなければ、神祇を欺くことになるので、禅院を建立するのにもっとも適した高野山を下賜してほしい」という内容です。

　この書簡から知られることは、船が難破するか否かのときに空海は、神祇――すなわち日本の天地の神々に祈ったということです。危急のときの行動は潜在意識の反映でもあります。ということは、空海の意識の根底にあるものは、日本の神々に対する信仰であったといえるのではないでしょうか。

　空海が高野山の地を賜ったのは弘仁七年ですが、実際は翌弘仁八年から建設工事が始められています。そして最初に建設したのは高野明神社の社殿で、次いで金堂・宝塔の順で建立されています（金岡秀友編『空海辞典』）。高野山に鎮座する神の社を最初に建立したことは、注目しなければなりません。

また、空海は京都の東寺を創建するにあたっても、稲荷神を鎮守神として勧請しています。さらに空海の山林修行時代のゆかりの地、河内の香貴寺には住吉明神を勧請しています。すなわち、空海は寺院の建立に先立って、まず日本の神々を勧請しているのです。

このことについて、湯浅泰雄は「空海が寺院建設に先立って必ず土地の神をまつる社を建てたやり方には、(中略)未開人的発想に通ずる点がみられる。つまり、寺院建立に当たってその土地の神の許しを得るという意味があったものと思われる。彼はその知性の内面に、そうした未開人的敬虔さをも合わせもつ人であったと思われる」と述べておられます(湯浅泰雄『古代人の精神世界』第三章「古代的世界像の確立」)。

湯浅のいう「未開人的敬虔さ」という言葉が適当であるかどうかはともかく、寺院建立に先立って日本の神々を鎮守神として勧請したことは、空海の宗教の根底に日本の神々に対する信仰があったことは間違いありません。それは生まれながらのものであったかも知れませんが、山岳・難所での修行の過程で強められたものでもありましょう。そしてそれこそ、縄文時代以来のアニミズムの流れのなかで形成された宗教心意ではないでしょうか。

◇空海による「日本仏教」の大成

これらのことからいえることは、松長のいう、空海の非俗志向の源流は、「インド密教にあると考えねばならない」という指摘は、「空海の青年期以来の山岳・難所での修業体験にあると考えなければならない」と訂正する方が、より実際に近いのではないでしょうか。

そしてまた山岳・難所での修行で強化されたカミ信仰は、アニミズムの性格をもつ縄文時代以来の山や森の信仰に行き着いたものと思われます。すなわち、空海の宗教の根底をなすものは、そのような日本の土壌の中で形成されたものであったといえるでしょう。

一般に、鎌倉時代に成立した仏教を「日本仏教」と称していますが、私は弘法大師空海によって樹立された日本の真言宗こそ、最初の「日本仏教」であったと思います。

第五章　日本仏教と天地自然

◇「草木国土悉皆成仏」の思想

「草木国土悉皆成仏」という語句があります。これは、「草や木も大地も、すべて皆、成仏できる」という意味です。あるいは、「成仏している」と解すべきかも知れません。もちろん、「成仏できる」「成仏している」とみることは、草や木や大地を単なる「物」と見ているのではなく、「いのちあるもの」「こころあるもの」、あるいは「霊力のあるもの」と見ているからでしょう。

「草木国土悉皆成仏」という語句は、『斟定草木成仏私記』という本に出ているのが、もっとも早い例だといわれています。この書は、平安時代前期の天台宗の僧で、「真言宗」を名乗った五大院安然（八四一〜？）という学僧の、若いころの著作です。

ちなみに、この「真言宗」は、密教の立場を主張するという意味の真言宗であって、空海の真言宗の系列に入るものではありません。ただ、密教の立場の僧が「草木自成仏」を説いたということは、留意する必要があります。

平安時代後期の宝地房証真（一一五六〜一二〇七）の『止観私記』に、「中陰経に云く」として「草木国土、悉皆成仏」云々の語句が出ています。ただ、「中陰経云」とありますが、実際には『中陰経』という経典にこの語句は存在しません。それゆえに、竹村牧男は、「これ（「草木国土、悉皆成仏」）は日本で作られたと考えられ、ゆえにその思想は日本的な思想と考えられる」と述べておられます（『日本仏教思想のあゆみ』）。

すなわち、「草や木も大地も、すべて皆、成仏できる」という思想は、インド・中国から伝来した思想ではなく、日本独特の思想であるとみられます。

もちろん、この句の源流をたどれば、天台智顗の『摩訶止観』の「一色一香、中道に非ざるなし」にあるといわれます。ここから草木にも仏性があると受け止められるようになり、この思想が日本に入ってきて、日本では「草木成仏」が盛んに問題とされるようになるのです。これに対して中国では、この議論は発展しませんでした。そして和製の仏教語というべき、「草木国土悉皆成仏」という語が誕生するのです。したがって、この背景に日本の思想的風土を考えざるを得ないのではないでしょうか。

◇日本人のみる「衆生」とは？

ところで、草木に仏性があるか否かという問については、最澄のところでも述べました。簡単に復習しますと、『涅槃経』に「一切衆生悉有仏性」という語句があります。「すべての生あるものは、皆、仏性をもっている」という意味です。

これは日本人の多くが好むフレーズです。なぜ、日本人が好むのかというと、その前提には、仏典の本来の意味を離れて、日本人としての解釈があるからではないでしょうか。

「一切衆生」の漢語を直訳すれば、「すべての生あるもの」という意味になります。しかし、問題は「生あるもの」の範囲です。これについては、インドや中国、さらに日本とでは、受け取り方が異なっているのです。

衆生は、「生きもの」「生あるもの」という意で用いられていますが、唐の玄奘は、これを「有情」という訳語を当てました。「有情」というのは、「心のはたらきを持つもの」という意味です。これに対して「心のはたらきを持たないもの」を「非情」、あるいは「無情」といいます。

したがって、衆生とは、「心のはたらきを持つもの」ということになります。

◇日本では「草木」も「衆生」

ただ、「有情」と「非情」という分類をたてたところで、その範囲をどうするのかという問題が残ります。大雑把に言えば、生物は「有情」に属し、無生物は「非情」に属すということになるのでしょうが、ただ、現在の「生物」「無生物」の概念とは異なります。現在の生物学では、植物はもちろん生物に分類します。しかし、本来の仏教では、植物は無機物と同じく六道の外に置かれていますから、「非情」に分類されます。

ところが、日本では草木は衆生＝有情に入れる場合が多いようです。例えば、最澄は『法華秀句』の『仏性論』の註記に、

草木また空に従ひて成す。まさに是れ衆生なるべし。

と記しています。このことから最澄は、草木も衆生と見なしていたと思われます。

◇「草木自成仏」の証明に一生をかけた安然

以後、日本では絶えず「草木成仏」がテーマになります。例えば、先述した五大院安然は、「草木自成仏」―すなわち、草木がみずからの意思で成仏するということを証明しようと努力します。彼は、この証明のために一生をかけた人物であるといえるかも知れません。

もちろん、安然よりも前に草木成仏について取り上げ、それを論証しようとした宗派もありました。ただ、その多くは、「仏の眼で見れば、この世は覚りの世界である。だから、草木も覚りの本性そのものである」というような理解です。そこで覚りの世界に達するのは「有情」の「こころ」であり、草木が主体的に覚りの世界に達しようとするという理解ではありませ

んでした。

しかし、安然は、「草木がみずからの意思で成仏する」と考え、これを証明しようとしたのです。このような考えはインドや中国には見られないといわれています。したがって、このような発想そのものが、「日本的」であるといえるのではないでしょうか。

現在のインド人も含めて、古代以来、インド人は論理を重んじる民族であるように思います。したがって、インドで起こった仏教も、ある意味では論理学の要素を強くもっています。そのような仏教の性格上、「草木が成仏する」という命題があれば、それを証明しなければなりません。平安時代の仏教界において、これを証明することが大きな課題であったようです。中でも安然は、この証明のために一生をかけたのではないかと思われる人物です。

ところで、安然が草木に主体性を認めようとした姿勢こそ日本的――言い換えれば、縄文時代以来の日本人の思想の延長上にあると思います。

日本の原始・古代の思想は記紀の神話に反映していると思いますが、日本の神話では、草に「カヤノヒメ」、木に「ククノチ」というような人格的な名前を付けています。また、石や土に「イハツチビコ」「イハスビメ」、風に「シナツヒコ」という人格的な名前を付けています。草木も石や土も、風のような自然現象さえも、われわれ人間と同じ「いのち」と見ているのです。

安然が「草木自成仏」に拘る根底には、このような日本の伝統的な感覚があったからだと思います。このような日本の伝統的思想の流れの中に「草木国土悉皆仏性」の思想が成立したものと思います。

さらに蛇足を加えれば、中世の能楽の作品に、草や花がシテ（主人公）になっている作品があります。シテは、「草木国土悉皆成仏」という台詞を口にします。時代は変われども、日本人の意識の底流に縄文時代以来のアニミズムが流れているといえるのではないでしょうか。

◇巨石と寺院

「樹木や岩石などの自然物に神霊が宿る」──このことはから樹木や岩石などの自然物を神聖視し、あるいは神が降臨される場（依代・磐座）として、悠久の昔から神祭りが行われていたようです。現在の仏教の霊場といわれるところは、概ね、そのようなところであるようです。

琵琶湖を臨む長命寺は西国三十三観音霊場の第三十一番札所です。この寺院は、記紀の世界で第十二代の景行天皇から第十五代の応神天皇まで四代の天皇に仕え、三百歳の長寿であったと伝えられる武内宿禰が開山したと伝えられています。「長命寺」の寺号は武内宿禰の長寿に由来します。

この寺院の本堂の裏山斜面に「修多羅岩」という大きな岩があります。開山した武内宿禰のご神体だと言われています。

「武内宿禰がこの山に登って柳の大木に『寿命長遠所願成就』の文字を彫って長寿を祈願したから、三百年も生きられた。そののち、聖徳太子がこの山に登って柳の木を見ていると、白髪の老人があらわれて、『この柳の大木で仏像を刻み、寺院を建立せよ』と告げて立ち去った。そこで太子がこの木で「千手十一面聖観音」三尊一体の観音像を彫って、推古天皇二十七年（六一九）に寺院を創建した」という意味の伝承をもっています。

ここで明らかなことは、この寺院が「修多羅岩」と呼ばれる巨石の傍に建立されたこと、そして本尊の観音像がこの山の柳の大木で製作されたという伝承をもっていることです。

「修多羅岩」は、おそらく悠久の昔から、これを磐座として祭祀が行われていたのでしょう。そして柳の大木も「いのちの宿る木」として信仰を集めていたのでしょう。

すなわち、原始・古代からの祭祀の場に、そして「いのち宿る木」に、新たに観音菩薩を勧請して寺院が建立されたのです。言い換えれば、アニミズムの土壌の上に、「新しい神」としての観音菩薩を勧請したといえるでしょう。

この近くに観音正寺という西国三十三観音霊場の第三十二番札所の寺院があります。この寺の本尊は、聖徳太子が彫ったとされる千手観音立像でたが、火災で焼失してしまったということです。

観音正寺は、いたるところに巨岩が露出した山の中腹というよりも、山頂に近いところにあります。ここに来て、ふと思い出したのは、半年ほど前に参詣した群馬県の榛名神社です。榛名神社は、いたるところに巨岩が露出した渓谷を通って神社の拝殿に行きます。拝殿の裏には巨岩があり、この巨岩がご神体となっているのです。原始・古代以来のアニミズムの祭祀がこんにちに継承されている事例といえるでしょう。

観音正寺のある山も、いたるところに巨岩が露出しています。本堂を通り過ぎて、奥の院へと歩いて行くと、そこにも巨石が露出しており、その一つ、「ねずみ岩」というネズミの形をした巨石があります。その前に今は祠がありますが、昔はこの巨石を磐座として神祭りが行われていたのでしょう。

観音正寺のある山は、榛名神社と同じように、巨岩・巨石を神として、あるいは磐座として祭祀が行われていた「祭祀の場」であったと思われます。そこに「新しい神」として観音菩薩を勧請したというのは、先の長命寺の場合と同じです。

このような事例を挙げればいとまがありません。これらの自然物は、かつては「神の宿る岩」「神の宿る木」として、神祭りが行われていたのでしょう。そこに仏・菩薩という「新しい神」を迎えて寺院が建立されたのであり、言い換えれば、仏教の霊場は、縄文時代以来のアニミズムを根底にもつ祭祀の伝統の上に重ねあわされたのでしょう。だからこそ多くの人びとの信仰を集めているといえるのではないでしょうか。

◇水と寺院

ところで、樹木や岩石と共に水も神聖視されました。元旦の「若水」は「いのち」を若返らせてくれる水です。水はまた、われわれの生命力を減退させる「ケガレ」を流し去ってくれます。水には、そのような霊力が宿ると信じられていたのです。

水の湧き出るところは、霊力の充満するところであると共に、清浄な場でもあったのです。それゆえに、原始・古代には、「井（泉）」や「滝」は祭祀の場として重要な意味をもっていたと思われます。いうまでもなく、アニミズムの一つの姿であるといえるでしょう。

『日本書紀』天智天皇九年（六七〇）三月壬午（九日）の条に、

山御井の傍に諸神の座を敷きて幣帛を班つ。中臣金連、祝詞を宣る。

という記事があります。この三年前の天智天皇六年（六六七）三月に近江の大津に遷都されていますから、大津京のなかでの神事であると考えられます。

この祭祀の目的は、律令制に定着する前の祈年祭であるとも、神祇官の地鎮祭であるともいわれていますが、詳しいことは分かりません。ただ、明らかなことは、「山御井の傍」で神祭りが行われたということです。「山御井」とありますから、山の近くの井戸または泉でしょう。

この「山御井の傍」とは、こんにち園城寺（三井寺）の金堂の傍の泉―「三井の霊泉」が、これにあたるといわれています。この泉（山御井）の傍に金堂（弥勒堂）が建立され、園城寺というお寺になったということです。

園城寺は、別名を三井寺（御井寺）とも称されていますが、それは「御井」といわれる泉の傍に建立された寺院であるところから命名されたのでしょう。

なお、園城寺も、先述した長命寺や観音正寺と同様、西国三十三観音霊場（第十四番札所）として信仰を集めています。

ところで、泉と共に滝も水の霊力を直接感じる場であったと思われます。紀伊の那智の滝は、熊野那智大社のご神体としてお祀りされています。私の住む兵庫県には、但馬国朝来郡に延喜式内社の青倉神社があります。この神社は、青倉山の滝をご神体としてお祀りしています。このように滝をご神体として祀る神社は、全国に多数あります。

京都の観光名所として有名な清水寺には「音羽の滝」があります。おそらく、この滝も神祭りの場であったのでしょう。そこに観音菩薩を勧請して寺院が建立されたのが清水寺です。先述した園城寺の場合と同じパターンといえるでしょう。

日本全国の多くの滝は、神社だけでなく、不動明王がお祀りされている場合も多いようです。原始・古代から神聖視されていた場であるからこそ、神祭りの場となり、また仏教が伝来してからは、不動明王や観音菩薩を勧請してお祀りするようになったのでしょう。

このように、こんにち、井戸・泉・滝と結びつく仏教の霊場には枚挙にいとまがありませんが、それは元来、そこが清浄な場であり、古くからの神祭りの場であったからこそ、そこに「新しい神」としての、「仏」「菩薩」「明王」らを勧請してお祀りしたのでしょう。

このことは、自然を絶対視する日本古来のアニミズムの上に、新たに伝来した仏教が受容され、「日本仏教」となったことを物語っていると言えるのではないでしょうか。

◇明恵

ところで、先に日本古来のアニミズムの上に仏教が受容されたということを述べました。

このことは、日本仏教の祖師たちの思想にもあらわれています。先に平安仏教の最澄と空海を取り上げました。ここでは鎌倉時代の華厳宗の明恵、禅宗の道元、浄土信仰の一遍をとりあげようと思います。

明恵《みょうえ》（一一七三〜一二三二）は鎌倉時代の華厳宗の僧です。鎌倉時代といえば、教科書的には「鎌倉新仏教」というイメージで語られています。しかし、実際、鎌倉新仏教の祖師たちの教団、例えば、親鸞の浄土真宗や道元の曹洞宗や日蓮の日蓮宗（法華宗）が、鎌倉時代の社会にそれほど影響を及ぼしたわけではありません。これら新仏教が社会に大きな影響を及ぼすようになるのは、室町時代になってからです。

これに対して奈良仏教や平安仏教などの、いわゆる旧仏教は、教科書的には荘園経営等によって腐敗・堕落したかのように記述されています。

しかし、鎌倉時代における旧仏教は、教学面でも実践面でも目覚ましいものがありました。鎌倉時代は旧仏教のもっとも輝いた時代ということができるのではないでしょうか。

華厳宗の明恵は洛北の高山寺を拠点に活動しました。若いころから釈迦への熱烈な思慕の念をもっており、インドへの渡航も計画しました。しかし、春日大明神の託宣で、伯父に止められ、断念せざるを得ませんでした。このように彼の学問や修行の根底には、釈迦への強い思いがありました。

また、彼はひたすら求道者として厳しい修行もしました。そして霊能者としてのエピソードも残されています。しかし、修行を重視するだけでなく、教学面においても華厳を中心に「知の総合」を目指した独創的な思想家でもありました。

ところで、釈迦への強い思いをもった明恵の仏教は、こんにちの目で客観的にみて、釈迦仏教といえるでしょうか。

明恵には自選の和歌集、『遺心和歌集』があります。そこには多くの天地自然を詠んだ歌が掲載されています。

あかあかや　あかあかあかや　あかあかや　あかあかあかや　あかあかや月

この歌は、川端康成がノーベル文学賞を受賞して、その受賞式のあとの記念講演において、「美しい日本の私」と題して講演をしましたが、その講演で紹介された歌です。

明恵には月を詠んだ歌が多数あります。

雲を出でて我にともなふ冬の月風や身にしむ雪やつめたき

ここで「風や身にしむ」「雪やつめたき」といっているのは、明恵自身の感じたことであると共に、月に思いを寄せたものと言えるのではないでしょうか。すなわち、明恵は天地自然を客観的にみるのではなく、天地自然と一体となっているのです。

そして彼は、「秋の夜に松風の音を聴きながら仏法の本意を感じる」として、次のような歌も詠んでいます。

秋の夜はふけゆくさまに松風の身にしむ法の声を聞きつる

松風の音を「法の声」、すなわち仏法として聞いているのです。言い換えれば、明恵には、天地自然そのものが仏法であり、仏であったのです。

彼は洛北栂尾の山中の高山寺で坐禅修行の日々を送ったのも、天地自然と一体となることこそが、仏を体得する道だという信念があったからでしょう。

明恵の仏教は、華厳宗に分類されるでしょうが、密教的でもあります。彼は行法に光明真《こうみょうしん》言《ごん》を取り入れ、その普及に尽力しました。

光明真言というのは、毘盧遮那仏の世界を讃える密教の真言（呪言）です。毘盧遮那仏《びるしゃなぶつ》は、大日如来でもあり、空海において、それは天地自然でもありました。

死者に光明真言を唱え、清められた土砂をかければ、死者はすみやかに天地自然に帰る――すなわち、成仏するというのです。それは天地自然を仏＝神の身体とみる信仰から発しているといえるでしょう。

そしてその淵源を辿れば、縄文時代以来の自然信仰（アニミズム）に帰着するのではないでしょうか。

◇道元

道元（一二〇〇～一二五三）は禅宗の一派の曹洞宗を日本に伝え、日本の曹洞宗の開祖とされています。禅宗は、釈迦と同じように修行をして覚りを得ようとする宗派であるといわれています。その意味で禅宗は釈迦仏教にもっとも近づこうとした宗派であるといえるかも知れません。

道元の主著は、晩年の十三年間に仮名まじりの和文で書かれた『正法眼蔵《しょうぼうげんぞう》』です。その中に、『涅槃経《ねはんきょう》』の中の「一切衆生、悉有仏性」を取り上げ、道元の解釈が記されています。

釈迦牟尼仏《しゃかむにぶつ》言、「一切衆生、悉有仏性。如来常住、無有変易」。

この「釈迦牟尼仏、言はく」の部分をふつうの読み方をすれば、「一切の衆生は、悉く仏性あり。如来は常住にして変易あることなし」となるでしょう。そして「一切衆生」の意味は、「すべての生きものは、皆、仏となる素質をもっている」というように解釈されています。

しかし、道元はここで「一切は衆生なり。悉有は仏性なり」と読んでいるのです。もちろん、従来の読みを知らなかった訳ではありません。敢えて、こう読んだのです。

この読み方によれば、①世界に存在するすべては衆生である。②世界に存在するすべては仏性である。このように解することができるでしょう。

とすれば、さらに③衆生はすべて仏性である、ともいえるでしょう。このことは、すなわち、存在世界そのものがすべて仏性という聖なる存在であると捉えているということになります。

道元には、多くの天地自然を詠んだ歌があります。彼は天地自然に対して鋭敏な感性をもっていたようです。『傘松道詠《さんしょうどうえい》』に次の歌があります。

峰の色渓の響きもみなながらわが釈迦牟尼仏の声と姿と

「峰の色渓の響きもみなながら」とは、天地自然を総称した言葉でしょう。あるいは存在世界の総称ともいえるでしょう。それらがすべて釈迦牟尼仏であるというのです。

すなわち、「悉有は仏性」であり、「聖的な存在」であるということなのでしょう。自然に対する鋭敏な感覚をもっていた道元は、天地自然に神霊が宿るとする縄文時代以来のアニミズムの伝統的心意にみずからの禅による仏教を形成したといえるのではないでしょうか。

◇一遍

一遍（一二三九～一二八九）は道元よりもやや後輩で、鎌倉時代の末期に活躍した僧です。「捨聖」の名があるように、すべてを捨て去り、すべてを阿弥陀仏に委ねるという厳しい仏道の実践を目指した僧です。

一遍は河野水軍として有名な伊予道後の河野通広の二男として生まれました。十歳（満九歳）のとき母を亡くし、大宰府で浄土宗西山派の聖達のもとで仏道を学んだので、浄土信仰の系譜に位置づけられています。

一遍の修行の特色は全国を遊行したことにあります。その遊行したところを辿ると、熊野本宮や宇佐八幡宮、大隅八幡宮など、多くの神社に参詣しています。中でも特筆すべきは、熊野本宮での参籠でしょう。

一遍は高野山から熊野に向かう途中、ある僧侶に出会い、そこで念仏札を渡そうとしたところ、その受領を拒否されましたが、このことがかなりショックだったようです。そこで熊野本宮の證誠殿に参籠して真剣に祈りました。この中で「神の告示」を得ました。

熊野権現、「信・不信をいはず、有罪・無罪を論ぜず、南無阿弥陀仏が往生するぞ。」(『播州法語集』)

親鸞の言うように、信じる心の有無ではなく、「信・不信をいはず」すべての者が救われるというのです。こうして熊野権現の示現によって、一遍の法門が確立するのです。熊野本宮は、現社地と違って、当時は熊野川の中洲のようなところにありました。熊野川そのものが、深い山々の渓谷の間を流れる川です。ここはこんにちでも大自然の「いのち」を実感できるようなところであり、修験道の修行の場でもありました。

先に一遍は全国各地の神社を参詣したということを述べましたが、なぜ一遍は神社に参詣して参籠して神に祈ったのでしょうか。おそらく、そこには熊野本宮に見られるように、天地自然の「聖なるもの」を実感でき、「聖なるもの」との交流ができたからではないでしょうか。

一遍は、興願僧都宛書簡で次のように述べています。

よろず生きとし生けるもの、山河草木、ふく風、たつ波の音までも、念仏ならずといふことなし。

天地自然のすべてが「南無阿弥陀仏」であると言っているのです。これは道元が、「峰の色渓の響きもみなながらわが釈迦牟尼仏の声と姿と」といったのと同じです。天地自然そのものを仏とみているのです。いうまでもなく、その源流は、縄文時代以来のアニミズムに帰着するでしょう。

さらに補足するならば、一遍の有名な次の歌を紹介しておきます。

となふれば仏もわれもなかりけり南無阿弥陀仏なむあみだ仏

ここには「仏」と「われ」の区別もありません。言い換えれば、「天地自然も『われ』も一体である」という境地を詠んでいるのです。これはまた縄文時代以来の伝統的なアニミズムの境地であるといえるのではないでしょうか。

第六章

現代政治と日本仏教

◇本覚思想

先に草木のほかに無機物である国土（大地）までも成仏するという「草木国土悉皆成仏」の思想が、平安時代前期の九世紀以来、唱えられていたことを述べました。この思想は、平安時代後期以後、本覚思想として発展します。

本覚思想というのは、「人間には、本来、覚（悟り）のはたらきが備わっている」「現実がそのまま真実である」とみる思想です。この背景には、深い哲理があるのですが、しかし、その哲理を経ずに、やがて「人間には本来、覚・仏性が備わっているのであるから、我々はすでに仏である」という主張となり、さらに修行不要論という極端な主張さえ生まれてきます。

本覚思想が極端化する背景には、日本の伝統的な思想があると思います。聖徳太子が如来蔵思想を採用されたのも、最澄の「諸法実相」や「一切衆生悉有仏性」が日本人に共鳴されたのも、現実を肯定する日本の伝統思想があったからだということは、これまでに述べてきました。

空海の密教においても同様です。天地自然（宇宙）を仏の姿とみる密教は、「天地自然もわれわれも同じく『六大』によって構成されているのであるから、仏と衆生が一体となる『即身成仏』が可能である」と説きます。ここに本覚思想を受け入れる素地があると思います。

このように本覚思想は、日本の思想の十字路のようなところに形成された思想です。現在もさまざまな局面で極端な意味の「本覚思想的なもの」があらわれているように思います。

◇道徳教育をめぐる与野党の対立

戦後の日本の政治は、米ソの冷戦を背景に両極化する傾向にありました。そのような中で、日本の政治の流れをみていきますと、面白い現象が起こっていました。日本の伝統を否定する革命・革新勢力が日本の伝統的心情に食い込んでいました。「日本の伝統的心情」というのが、極端な「性善説」に立脚した本覚思想です。例えば、戦後の道徳教育をめぐる与野党の対立がその顕著な例の一つです。

昭和二十七年にサンフランシスコ講和条約が発効して日本は独立しました。このころには、すでに占領統治の影響があらわれ、年配者から見れば、若者たちの身勝手な行動が目に余るようになっていました。そこに戦前の「修身」に代わる「道徳教育」の必要性を主張する世論が高まりました。これに対して、日教組をはじめとする革命・革新勢力は猛反対しました。

この道徳教育をめぐる対立のなかで「道徳教育反対」が、いつの間にか「道徳反対」に転化してしまい、「親孝行」などはもちろんのこと、「あいさつ」などの日常の生活習慣さえも、「封建的な遺風」「軍国主義に通じる」「逆コース」の一言で否定されてしまうような風潮さえ生じました。

それはともかくとして、道徳教育反対論者は、「道徳は教えるものではない。自然に身につくものだ」という論を展開しました。ところが、この主張は、革命を目指す野党の主張であるにもかかわらず、保守層を含め、多くの人びとの共鳴を得たのではないかと思います。

なぜでしょうか。私は、この主張は聖徳太子の採用された如来蔵思想、最澄らの仏性思想や諸法実相の思想、さらには本覚思想にも通じるものがあるように思います。

如来蔵思想とは、「人間は本来、如来(仏)となるべき真実の本性をもっている」という思想です。仏性思想もほぼ同じで、「人間は本来、仏となる資質をもっている」というような意味で受け取られています。人間の根底に「真実なるもの」「善なるもの」を認めているのです。いわゆる、「性善説」に通じます。「諸法実相」も、「この世のもろもろの現象はそのまま真実のすがたである」というのですから、現生を肯定的に捉えています。したがって、同様の範疇で捉えることができると思います。

日本には昔から「七歳までは神のうち」という諺があります。生まれたばかりの赤子は穢れのない存在で、悪事は成長の過程で付着するものと考えられていたのです。

私の大学院時代からの親友で、神戸女子大学名誉教授の鈴鹿千代乃さんは著書『古代からの風』(日本国語国学研究所)で次のように述べておられます。

「罪の衣」と言い、また「罪を着る」という言葉がある。日本では「罪」は「衣」のごときものであり、罪を犯して罪人となるということは、「罪という衣」を「着る」ことなのである。ほかにも、「無実の罪」を「濡れ衣」というなど、「罪」は「衣」で表現され、「罪を犯す」ことは、「衣を着る」と表現される。これは日本人の罪に対する考えをよく表現していると思う。「罪を犯す」ことは、「衣を着る」ことであるから、その犯した罪を償うには、その衣を脱げばよいのである。(十七ページ)

わが国では、古来、「罪」や「穢れ」は、「祓」や「禊」によって除去できると考えられていました。「罪」や「穢」を禊や祓で除去できるということは、「罪」や「穢」は後から付着したもので、まさに汚れた衣のようなものです。脱ぎ捨てれば本来の無垢の自分が残るのです。この心意は日本人のＤＮＡに刷り込まれているのではないかと、私は思っています。

このような日本人の伝統的な心意が「道徳は教えるものではない。自然に身につくものだ」という社会(共産)主義革命をめざす勢力の主張に、日本の伝統を護ろうとする保守層を含む多くの人びとが共鳴したように思います。

◇護憲派の非武装中立論

同様なことは、憲法改正の問題にも通じます。『日本国憲法』は、アメリカを中心とした連合国軍に占領されている期間中に連合国軍総司令部(GHQ)の圧力の下に制定されたといってよいでしょう。形式的には、日本の帝国議会で改憲手続きを踏んだことになっていますが、議事堂の上空を米軍の爆撃機が旋回する下での可決ですから、とうてい「自主憲法」とは言い難いでしょう。

占領地の法制度を変えることは国際法に違反しますから、独立を回復したのちに『日本国憲法』を破棄する機会はあったはずですが、結局、制定後七十年以上が経過する今日まで改正には至っていません。

確かに、この憲法を改正するには、衆議院と参議院の各議院の三分の二以上で発議できるという高いハードルがあります。しかし、逆に言えば、このハードルを乗り越えることができなかったのは、この憲法を「平和憲法」として評価する人も三分の一以上を占めるという現実があったからでもあります。

「平和憲法」として評価される所以は、第九条の「戦争の放棄、戦力の放棄」にあります。護憲派の人びとは、「戦力の放棄」を自衛のための戦力さえも含まれていると解しているようですが、なぜ、自衛のための戦力さえも放棄するのがよいと考えるのでしょうか。

憲法の前文に「平和を愛する諸国民の公正と信義に信頼して」とあります。すなわち、「世界の各国の人びとは皆、平和を愛している。だから、それらの諸国の人びとが日本に攻めてくるはずがない。われわれは彼らを信頼して日本が武力放棄さえすれば、戦争にはならない」というのが、護憲派の人びとの主張でしょう。現在の立憲民主党・国民民主党・社民党等の前身であった日本社会党の「非武装中立論」は、この考えかたに基づくものでした。

もちろん、日本社会党等のいう非武装中立論の背景には、「冷戦」といわれた自由（資本）主義陣営と共産（社会）主義陣営との対立がありました。したがって、共産（社会）主義陣営の立場に立つ日本社会党等の反対の本音は、自由主義陣営に属する日本の武装は好ましくありません。それゆえの反対だったと思います。

しかし、多くの一般の国民の憲法改正に対する反対の意見は、政治の思惑とは別に「諸外国の信義」というよりは、人間の性善説を信じたいという面があったように思います。

私の生まれた家は、兵庫県の山間部にあります。谷間の奥まったところに五軒の家が散在しています。子供のころから、この家では夜も鍵をかけることはありませんでした。「この世に泥棒のような悪人はめったにいない」という感覚であったからだと思います。ただ、山村でも、やや人通りの多いところでは、鍵をかけて寝るということでしたが……。

日本は島国です。「何代か遡ると、すべて血縁で結ばれる」とも言われます。その意識が相互の信頼感となります。「日本人は、水と空気と平和はどこにでもあると思い込んでいる」といって、世界のなかでの日本人の特殊性を揶揄されることもあります。おそらく、大なり小なり、「人間は本質的に善人である」という感覚、さらには現実肯定の感覚が日本人のＤＮＡに刷り込まれているのでしょう。このような感覚が、「日本が戦力を持たなければ戦争など起こるはずがない。だから憲法第九条の改正の必要はない」という考えに結びついているのだと思います。

先に述べた「道徳教育反対」と同様に、「憲法を護ろう」という護憲の主張は、日本の伝統を否定して革命をめざす政党が主導してきました。にもかかわらず、この憲法を「平和憲法」と捉えて護っていこうとする人びとの多くは、日本の伝統的なこころをもつ人びと―すなわち、この面では保守層―が支持しているという「捻じれ現象」が生じているように思えるのです。

◇教育・修行・努力の必要性

ところで、先に本覚思想について、その深い哲理を経ずに、「人間には本来、覚・仏性が備わっているのであるから、我々はすでに仏である」という主張となり、さらに修行不要論という極端な主張さえ生じてきたということをお話しました。私は、この極端な本覚思想と、道徳教育不要論や非武装中立論が重なり合うように思えてならないのです。

天台の本覚思想は『大乗起信論』から発しています。そこには、「覚・不覚を超えたところ（不二）に真の覚りがある」という意味のことが記されています。「凡夫と仏」のように、相反する「二」を超えたところに「一」、すなわち、凡仏の「不二一体」のなかに真の仏（覚り）があるというのです。

例えば、馬術において「鞍上に人なく、鞍下に馬なし」という言葉があります。現実には人と馬の両者がいます。しかし、「人と馬」という現実をこえて「人馬一体」となったところに真実、すなわち、馬術の名人芸があるというのが、「鞍上に人なく、鞍下に馬なし」という言葉の意味です。これこそ「不二一体」の分かり易い事例ではないでしょうか。「娑婆即浄土」「煩悩即菩提」「生即死」なども同じです。

しかし、馬術でいう「鞍上に人なく、鞍下に馬なし」という状態は、いうまでもないことですが、この境地に簡単に行き着けるものではありません。血のにじむような練習・努力を繰り返した結果、やがて得られる境地でしょう。

同様に、政府が道徳教育の必要性を訴えた時、反対論者は、「道徳は教えるものではない。自然に身につくものだ」という論を展開しました。その根底には、日本人の伝統的な「人間は本来、善なるものをもっている」という思いがあるのでしょう。しかし、現実には、その「善なるもの」は、家庭や学校や社会の繰り返しなされる教育の上に現れるものであるということを忘れた議論であるということが言えるのではないでしょうか。

非武装中立論や憲法九条があれば平和であるという考えも同じです。「人間は本来、善なるもの」であるでしょう。しかし、現実には、世界中、いたるところで喧嘩があり、戦争があるのも事実です。まったく悪意を持たない子供や、抵抗手段を持たない高齢者が殺されることも稀ではありません。

現在、中国は、沖縄の尖閣諸島を中国領だと主張しています。しかも、絶対に譲ることのできない「核心的利益」だと言っています。しかし、戦前・戦後を通じて中国は尖閣諸島を日本領と認めていました。中国の地図帳にもそのように記載していました。

ところが、昭和三十八年（一九六三）に国連のエカフェが人口衛星で海底資源の調査をしました。その結果、尖閣諸島の周辺に海底油田やガス田が存在することが明らかになりました。すると、昭和四十五年（一九七〇）の年末から尖閣諸島が中国領であるかのような主張をするようになり、ついに平成三年（一九九一）に中国の国内法である「領海法」を制定して、そこに中国領であることを記載してしまいました。

また、一九九二（平成四年）に米軍はフィリピンのクラーク空軍基地、スービック海軍基地から撤退しました。そのあとどうなったかは、皆さんご存知の通りです。中国は、フィリピンが自国領として支配していた南シナ海の南沙諸島のサンゴ礁を埋め立てて軍事基地化してこんにちに至っています。

東日本大震災のとき、自衛隊が被災地に重点的に配備されましたが、この間隙を突いて中国軍が南西諸島への侵攻の態勢をとろうとしました。もし、米軍が牽制しなければ、尖閣諸島や沖縄は中国が実効支配する状態になっていたでしょう。

このような現実に対処するために警察があり、軍隊があり、外交交渉がなされるのです。したがって、何もしなければ平和であるのではなく、平和を守り領土を護るには、日々の備えと努力が不可欠であるというのが現実です。

「人間は本来、善なるもの」であるでしょう。しかし、それはさまざまな努力の結果として発現されるものであるということもまた、事実でしょう。そこに教育や修行、政治や外交などの「人間の努力」の意義があるということは、現実の世界を見れば、改めていうまでもないことだと思いますが、……。

附　章

縄文時代以来のアニミズム

◇日本列島の形成と「縄文人」

私は、日本人の心の根底に「アニミズム（自然信仰）」があると思っています。そして至極当然のように、「縄文時代以来のアニミズム」という表現を用いています。

しかし、この表現に対して、何人かの研究者から疑問の声をいただきました。一つは、「『縄文時代以来』というが、『縄文時代人』（以下、「縄文人」と記す）と『弥生時代人』（以下、「弥生人」と記す）の間に系譜的断絶があるとすれば、それを連続性の上でとらえるのは、いかがなものか」というものであり、もう一つは、「そもそも縄文時代にアニミズムが存在したのか」という根本的な問題です。

ただ、前者については、科学の発達がある程度は解決してくれているようです。人類学者であり、骨考古学者でもある片山一道は、『骨が語る日本人の歴史』（筑摩新書）で「縄文人」について、次のように述べておられます。

まだ、陸続きに近い状態だった旧石器時代に、東アジアの大陸方面から「吹きだまり」のように集まって来た人々が混合融合し、豊穣な自然に恵まれた「縄文列島」という舞台で、新しい革袋のなかで新しい酒が醸成されるようにして、新しい人々、つまり縄文人が形成されたのである。

氷河が溶けて海面が上昇し、現在の日本列島に近い状態になったのが、一万年余り前です。日本列島が形成されると、列島の両面を黒潮とその分流である対馬海流という暖流が流れるようになります。すると、気候も温暖となり、食料も豊富になります。旧石器時代にこの地に集まって来た人々は、列島となってから一万年あまりの間に混合融合して形成されたのが、縄文人です。

この縄文人も、縄文時代後期には、日本列島を越えて朝鮮半島にも及んでいったようです。ミトコンドリアＤＮＡを研究した篠田謙一は、『日本人となった祖先たち―ＤＮＡから解明する多元的構造』（ＮＨＫブックス）で、次のように報告されています。

縄文時代、朝鮮半島南部には日本の縄文人と同じ姿形をし、同じＤＮＡ（型）をもつ人々が住んでいたのではないでしょうか。

朝鮮半島には旧石器時代の遺跡・遺物はほとんど見られないようですが、ただ、縄文時代後期の遺跡から縄文土器が出土しました。とすれば、ＤＮＡの研究の成果と考古学の成果が一致します。縄文時代の後期になると、縄文人が海を渡って朝鮮半島南部に移住していったのでしょう。あるいは、「移住して行った」というよりも、縄文人が海人族的生活をしている人々ならば、「玄界灘と対馬海峡の両岸に居住していた」という方が妥当かも知れません。

そして弥生時代になると、北部九州と朝鮮半島南端部には、支石墓・甕棺墓という墓が作られました。九州北部と朝鮮半島南端部は同じ文化圏であったと考えられるのですが、篠田は、「DNA分析の結果を見ていると、少なくとも北部九州と朝鮮半島南部は、同じ地域集団だったと考えたくなります」と述べておられます。この点についてもミトコンドリアDNAの研究成果とも一致するようです。

ちなみに、いわゆる『魏志倭人伝』の邪馬台国への経路の記述で、現在の釜山付近にあったといわれる「狗邪韓国」を「倭の北岸」と位置づけています。そして『後漢書』東夷伝で、後漢の光武帝から「漢委奴国王」の印を奴国王が賜与されたという記事がありますが、九州の北端の志賀島付近にあったと思われる「奴国」を「倭国の極南界」と記しています。このことは当時の「倭」の範囲を考える上で参考になります。おそらく、玄界灘と対馬海峡を挟んでその南北（北部九州、朝鮮半島南部）に倭人（海人族）が住み、小国を形成していたのでしょう。その連合体を倭国と称していたのではないでしょうか。

◇弥生人とは

では、縄文時代に続く弥生時代はどうなっていたでしょうか。かつて弥生時代といえば、水稲耕作や金属器をもって大挙して日本列島に渡来した人々が、縄文人を東へ追いやるか、または混血して、「弥生人」が形成されたというような説が唱えられていました。しかし、今は骨やＤＮＡの調査・分析によってほぼ否定されているようです。

「弥生人」と一言でいいますが、縄文人そのもののような「弥生人」や、縄文人に似た「弥生人」や、渡来系「弥生人」、さらにその上に地域的特色などが加味されて、様々な「弥生人」が形成されたようです。ただ、かつて弥生人といえば、渡来系のようにいわれていましたが、弥生時代の前期ごろには、北部九州においてさえ、渡来系「弥生人」はいないか、少なかったようです。片山一道氏の先掲書には、次のように記されています。

おそらく倭人（弥生時代～古墳時代に形成された日本人の原型―熊谷註）は、縄文人が各地域でさまざまに変容した縄文系「弥生人」を基盤とした。そこに、（弥生時代後期に―熊谷註）北部九州から日本海沿岸にかけて住み着いた渡来系「弥生人」が重なった。続いて、そのあたりを中心に両者が混合して生まれた混血「弥生人」が加わった。これらが混生した総体こそが「弥生人」、あるいは倭人なのである。

このように弥生人の内容は複雑です。ただ、基盤となったのは、縄文時代以来、日本列島に住んでいた人々の子孫であり、地域的に変容しながら、弥生時代後晩期に渡来してきた渡来系「弥生人」や、それらの人々と混血した「混血弥生人」など、様々な弥生時代人が形成されたようです。

とはいえ、弥生時代後期の人口を推計すれば、六百万人ほどであったようですが、渡来系は一万人程度であったともいわれています。そうであるならば、渡来人の比率は六百分の一程度であり、日本列島に住む様々な弥生人の基盤になったのは、縄文時代以来、この日本列島に住み着いていた縄文人の系譜をひく人々であったといえるのです。

とすれば、縄文人と弥生人との系譜を、「断絶」とみるのではなく、「連続」するものとして捉えるのが妥当であるといえるでしょう。

◇縄文時代にアニミズムは存在したのか

「縄文人」と「弥生人」の系譜上の問題は、科学によって解決され得るとしても、困難なのは、

「はたして縄文時代にアニミズムが存在したのか」という疑問に対する解答です。

アニミズムというのは、イギリスの人類学者、エドワード・B・タイラーが『原始文化』(Primitive Culture)の中で提唱した概念で、天地自然のすべてに霊魂が宿るとみる信仰です。

縄文時代のアニミズムを否定する意見として、一例を挙げれば、末木文美士の『日本宗教史』(岩波新書)に、次のような記述があります。

例えばアニミズム論にしても、そもそも一草一木に神が宿るという発想が古代にあったということ自体が、成り立たない。歴史的に知られる範囲では、神は特殊な自然物(山、岩、巨木など)に下ってきたり、蛇や狐などの特殊な動物が神、あるいは神の使いとされるのであって、あらゆる自然物がそのまま神というわけではない。自然そのものの絶対視はむしろ仏教の影響のもとに形成され、修験道で一般化することになる(四頁)。

すなわち、①「一草一木に神が宿る」というアニミズムは日本の古代(原始も含むのであろう)にはなかった。②自然そのものを絶対視するアニミズム的な信仰は、仏教の影響のもとに形成され、修験道を通して一般化すると述べ、「縄文時代以来のアニミズム」を完全に否定されています。

ただ、このように一刀両断できるものでしょうか。末木が、「神は特殊な自然物（山、岩、巨木など）に下ってきたり、云々」とある部分は、間違いではありませ。神は樹木や岩石を依代として、そこに降臨されたという信仰はあったようです。こんにちの神社神道の祭式を見ると、その開始時に神主は「オー」という、警蹕といわれる息の長い声を発します。これは祭りの場に神の降臨を願っているのです。とすれば、神は自然物に常住されているのではなく、「祭り」など特定のときに神が降臨されると考えられていたと言えるのでしょう。

しかしまた、樹木や岩石そのものに「いのち」「神霊」を見る場合もあります。こんにちでも岩石や樹木に注連縄が張り巡らされているのを見かけることがあります。それは樹木や岩石に「いのち」「神霊」が宿っていると見ているからです。それゆえに神聖視して注連縄を張り巡らせているのです。

大和（奈良県）の大神神社には、古来、本殿がありません。われわれが参拝しているのは、拝殿の前です。それは三輪山そのものが「ご神体」と見なされているからです。

同様に山そのものを「神」と見る思想は、一般的であったと思われます。例えば、『万葉集』巻三に多比真人国人の長歌の冒頭を引用してみましょう。詞書に「筑波の岳に登りて」とあります。

鶏が鳴く　東の国に　高山は　さはにあれども　二神の　貴き山の　並み立ちの　見まほし山と…（三八二）

「東国に高い山はたくさんあるけれども、（男女）二神の貴い山の、並び立つのを見たいと思って云々」と詠んでいます。筑波山の男体山・女体山の二つの峰を「二神」というのです。すなわち、山そのものを「神」と見ているのです。自然物を神と見ている事例としては、このほかにも枚挙にいとまがありません。

◇森羅万象はすべて「いのち」

先に自然物を神とみる事例を挙げましたが、古代の人々は天地自然の森羅万象のすべてが「いのち」ある存在とみていたのではないでしょうか。八世紀初頭に撰上された『古事記』の神話の国生み神話にあたる部分を引用してみましょう。例えば、四国にあたる「伊豫之二名島」の記述は次の通りです。

身一つにして面四つ有り。故、伊豫国を愛比売と謂ひ、讃岐国を飯依比古と謂ひ、粟国を大宜都比売と謂ひ、土左国を建依別と謂ふ。

すなわち、国土に人格的な名前をつけているのです。また、ここに特に引用しませんでしたが、岩石に「石土毘古神《いわつちびこのかみ》」、土砂に「石巣比売神《いわすびめのかみ》」、風に「志那都比古神《しなつひこのかみ》」というように、森羅万象に男女の人格的な名をつけています。人格的な名前をつけるということは、これら天地自然、さらには自然現象までも含めて、この世に存在するすべてを人間と同様の「いのち（生命）」とみているからでしょう。これこそ、アニミズムの典型的な事例といえるのではないでしょうか。

◇身体とタマシイ

ちなみに、折口信夫の『原始信仰』のなかの、次の文を引用しておきます。

我々の古代人は、近代に於て考へられた様に、たましひは、肉体的に常在して居るものだとは思つて居なかつた様である。少なくとも肉体はたましひの一時的仮の宿りだと考へて居たのは事実だと言へる。即、たましひの居る場所から、或期間だけ、仮に人間の体

内に入り来るもの、として居た。（『折口信夫全集』第二十巻）

すなわち、折口は、「肉体は『たましい』の仮の宿であった」といわれるのです。言い換えれば、「たましい（タマ）」は、「身体（カラ）」に宿って「いのち」となる、と見ているのです。そして「タマ」が「カラ」から抜け出してしまえば、「ナキガラ」となります。すなわち、「死」です。すなわち、すべての「物」には「タマ（魂）」が宿っているとみる信仰です。「タマ（魂）」が宿るとは、「いのち」が宿るということにもなります。

この見方は人間だけをいうのではありません。植物や動物の場合も同様です。樹木の場合は、「樹木という『カラ』に『タマ（霊魂）』が宿る」と見るのです。これもまた、アニミズムといえるのではないでしょうか。

なお、わが国には、「言霊信仰」といわれる信仰がありました。例えば、『万葉集』巻十三に、

磯城島の大和の国は言霊の助くる国ぞま幸くありこそ（三二五四）

という歌があります。「日本の国は言霊の助けてくださる国です。ご無事で！」という意味です。

これはこの前に掲載されている長歌に対する反歌ですが、長歌には、旅に出る人を送るにあたって、「ご無事で」という言葉を力強く贈っています。この「ご無事で」という言葉に宿っている霊が、あなたの旅を助けてくれるはずだと強調したのが、この歌です。

この場合は、「言葉」という「カラ」に「タマ（霊魂）」が宿ると解することができるので、先述した「タマ」が「カラ」に宿るという思想と軌を一にするものと考えられます。いうまでもなく、これもアニミズムということができるでしょう。

したがって、このようなアニミズム的な信仰は、末木文美士のいわれるように「仏教の影響のもとに形成」されたのではなく、日本の固有の思想であったということができます。そしてそれは、『古事記』や『万葉集』が編纂された時代の思想というよりは、原始時代（おそらく、縄文時代）以来の思想であったと見る方が妥当ではないでしょうか。

すなわち、縄文時代にアニミズムが存在し、縄文人から弥生人、古墳時代人、そして『記紀』や『万葉集』の編纂された奈良時代へつながるものと見るのが妥当であると考えられるのです。

そして第五章　「日本仏教と天地自然」で述べた通り、伝来した仏教は、自然を絶対視する日本古来のアニミズムの上に受容され、多くの人びとの信仰を集めていったといえると思います。

◇現在日本人のアニミズム

これまでに日本人の宗教心意の根底にアニミズムが存し、外来の仏教はアニミズムの上に受容されたということを述べました。このことはこんにちの日本人においても変わらないのではないでしょうか。

いま、私たちは日常生活の中で、特にアニミズムを意識しているわけではありませんが、アニミズム的な感性で生活しているように思えます。

平成二十九年の元日の『読売新聞』の「編集手帳」に、かつて「読売歌壇」に掲載された一首が紹介されていました。

どんぐりに目鼻をつけてしまったら捨てられなくてテーブルの上(岩間啓二)

「どんぐりに目鼻をつけてしまったら捨てられなく」なったのは、まさにアニミズムではないでしょうか。そしてこのような感覚は、日本人ならば、誰もが当たり前のように経験していると思います。

われわれはスズムシ・マツムシなどの虫の音を聞いて風情を感じ、あるいは「心の癒し」

を感じます。さらに、川のせせらぎや海辺の波の音を聞きながら、心の落ち着きを感じることもあります。しかし、欧米人にとって、それは単なる音、場合によっては騒音の一つとして感じるともいわれています。

われわれはまた、ホトトギスの鳴き声を聞いて「テッペンカケタカ」とか「トウキョウトッキョ　キョカキョク」というような「聞きなし」をします。しかし、欧米人にそのような「聞きなし」はないといわれています。われわれ日本人は、鳥の鳴き声も人間の言葉に置き換えているのです。

かつて国鉄（現ＪＲ）が乗客の減少を回復する方法を検討していたとき、列車に名前をつける案が出されたということです。こんにちでは当たり前のようになっていますが、「つばめ」とか、「あずさ」という愛称です。これによって乗客が増加に転じたといわれます。機械的なものに人格的な名前をつけることによって親しみを感じるという現象──これもやはり根底にアニミズムがあるからではないでしょうか。

宇宙探査機の「はやぶさ」ファンは多いようです。「はやぶさ1号」が、絶体絶命ともいうべき危機を何度も乗り越えて地球に帰還しましたが、その姿の中に多くの日本人は「いのち」を見たのではないでしょうか。そこには心の奥底に、やはりアニミズム的なものが存したからではないでしょうか。

平安時代末期の歌人・西行に次のような有名な歌があります。

願はくは花のもとにてわれ死なむそのきさらぎの望月のころ

いうまでもなく、人間は誰もが死を迎えます。ならば、できることならば、桜の花の下もとで死にたい。言い換えれば、天地自然に懐かれて死にたい、というような意味でしょう。このように日本人の多くは、天地自然と一体になることによって安らぎを感じるのです。

では、そこにある天地自然とは何でしょう。それは単なる物質的な天地自然ではなく、私たちと同質的な「いのち」として、中でも私たちを大きく包み込む親のような存在として感じているからではないでしょうか。

このように天地自然をはじめ、この世界に存在するすべてを、人間と「同質」に感じ、共鳴し、親しみを感じることは、アニミズムのあらわれといえるでしょう。

先日、私は私の講座の受講生たちと大和の三輪山（大神神社のご神体）に登りました。一緒に登った人の一人は「パワースポットの中にスッポリ浸かっている感じがします」と言っていました。

途中で出会った数人の若い男女のグループの人たちは裸足でした。直接、大地のパワーを戴こうとしているのだと話していました。

三輪山に登ってこのよう感じる背後には、大樹のみならず、大地も含めて、「単なる物質ではない」と感じているからでしょう。

こんにち多くの若者たちの間で「パワースポット」が信じられているようです。パワースポットといわれる場所に赴き、あるいはその場の大樹に掌を当てて、パワーを戴こうとしている光景をしばしば見かけます。

このことは一木一草も大地も単なる物質ではなく、そこに「いのち」が宿り、霊力があるという感覚を持っているからでしょう。これをアニミズムというとすれば、それは今の若者たちの間でとつぜん流行するようになったのではなく、縄文時代以来の日本人の心の底を流れ続けてきたものが表面化したと言えるのではないでしょうか。

◇日本人のアニミズムはどこから?

では、日本人のアニミズムはどこからきたのでしょうか。これについては、さまざまな要因が考えられます。例えば、日本の自然は春から夏にかけて草木が繁茂します。その中に生活していると、大地に生命力を感じます。しかし、中東などの岩砂漠では大地に生命力を感じることはありません。このような地理的環境、さらにそこに住む人びととの生活を含めた風土が私たちの考え方に大きな影響を及ぼしたとも考えられます。和辻哲郎の風土論は、このようなところに着目したものでしょう。

風土がアニミズムの形成の重要な要因となったことは十分に考えられます。ただ、私は、「日本人のアニミズム」という点に限定するならば、日本人と欧米人の「脳」の違いの多数の事例を報告されている角田忠信博士の説がもっとも説得力があるように思います。

もう四十年も前になりますが、東京医科歯科大学教授（当時）の角田忠信博士は、その研究を『日本人の脳』『続・日本人の脳』など、次々と研究成果を著書にまとめられて刊行されました。

角田教授の専門は耳鼻科です。したがって、音に着目されました。すなわち、脳波検査の場合のように、頭に電極をつけて、例えばピアノの音を聞かせた場合に脳のどの部分が反応しているか、言葉を聞かせた場合に脳のどの部分が反応するか、ということを調べられたのです。

角田教授によりますと、日本人も欧米人も、言葉は左脳で聞きます。だから、左脳を言語脳ともいいます。これに対して機械音や雑音は右脳で聞きます。

ところが、浜辺に打ち寄せる波や川のせせらぎの音は、欧米人は音として右脳で聞きますが、日本人は言葉として左脳で聞くといわれるのです。

また、赤ちゃんの泣き声も同じです。日本人はそれを言葉として左脳で聞き、欧米人は音として右脳で聞きます。日本人は赤子が泣き出すと、放っておけないで、すぐに抱っこをしようとしますが、欧米人が平気でいられるのは、それを音として聞くからであるといわれます。

このように日本人が虫の音も、鳥の鳴き声も、川のせせらぎも、波の音も、すべて人間の言葉と同じ脳で聞くということは、天地自然も、動物も、みな人間のような「心こころあるもの」と見ているからではないでしょうか。それを敷衍すれば、天地自然に「こころ（神霊・心霊）が宿る」とみるアニミズムが根底にあるからではないでしょうか。

ちなみに、日本人がアメリカで生まれ、最初に覚えた言葉が英語であるならば、アメリカ人と同じ脳になるといわれます。反対に、アメリカ人が日本で生まれ、最初に日本語を覚えたならば、日本人と同じ脳になるということです。ということは、脳の形成―あるいは脳の機能の形成、さらに言えば、心の形成のもっとも大きな要因は言葉であるといえるようです。

これまでに私は、たびたび「縄文時代以来のアニミズム」という表現をしてきましたが、日本語の原型は縄文時代のいずれかの時期に形成されたといわれます。とすれば、「縄文時代に日本語の原型が形成されて以来のアニミズム」という方が正確な表現といえるかも知れません。

あとがき

「外来の宗教である仏教が、いかにして日本人に受容され、日本に定着したのか」、「『日本仏教』の特色は何か」ということを中心に考察してきました。そこで明らかになったことは、仏教という外来の宗教を、日本人はアニミズム（自然崇拝）というフィルターを通して、あるいはアニミズム化することによって、受容したということです。

ところで、日本土着の宗教である神道の源流は縄文時代以来の「カミ信仰」にあると考えますが、その根本にはアニミズムがあります。とすれば、日本人にとって、日本仏教と神道とは、本質的には同じであるともいえるのです。日本の多くの家では、神棚と仏壇のどちらもあります。そしてそのことに何の違和感もありません。それは本質的に両者が同じ性格であるからでしょう。

私は学部・大学院のころから主に「律令時代の神祇と政治」をテーマに研究してきました。しかし、一般向けの原稿の依頼を受けるときは、ほとんどが神道思想に関するものでした。依頼に応えて執筆しているうちに、私自身の関心も神道思想史的なものに移っていきました。

最近、私は、大学やカルチャーセンターで、主に『古事記』に関する講座を持っておりますが、『古事記』であれ、『日本書紀』であれ、その思想の根底を流れているのが、いわゆるアニミズム（自然信仰）であることに確信を持つようになりました。

平成二十二年十月に超党派のシンクタンクの「（一般社団法人）国家ビジョン研究会」が近藤誠一文化庁長官（当時）を迎えて、国立オリンピック記念青少年総合センターのレセプションホールで「日本人のアイデンティティーを求めて」と題するシンポジウムを行いました。縄文考古学の小林達雄・國學院大学名誉教授の「日本文明の源流―縄文」と題する講演と、世界で最初にコメ（稲）のゲノムを解読した分子生物学の村上和雄・筑波大学名誉教授の「生命科学から見た日本文明」と題する講演のあと、中西真彦・国家ビジョン研究会代表（元東京商工会議所副会頭、元日銀政策委員）をコーディネーターとするパネルディスカッションを実施しました。私もパネリストの一人として「日本古代の外来文化の受容」と題して、主に仏教の受容について報告させていただきました。

その後も私は、外来文化の受容のしかたに関心を持ち続けていましたが、平成二十六年十一月に埼玉県高等学校社会科教育研究会の教職員研修会で「外来文化の受容について」（於・

埼玉県立狭山工業高等学校）と題して講演をさせていただく機会を得ました。

さらに平成二十七年八月に國學院大學栃木高等学校同窓会教職員の会（於・國學院大學栃木高等学校）では「日本文明と教育」と題して講演をさせていただきました。

これら三講演の内容に共通するのは、「日本人の外来文化の受容のしかた」をテーマとしているという点です。ただ、講演時間の制約もあり、対象範囲もやや異なる面もありました。そこでこれらの講演録や講演草稿を整理し、さらに加筆して再構成したのが本書です。

なお、これらの講演内容に至るまでには、私自身、僅かではありますが、個別研究を重ねてきました。学術誌に発表した代表的なものを次に記しておきます。

「原始・古代の生死観―捨身飼虎図・縄文土偶を通路として」（『政治経済史学』四五〇）
「国生み神話と仏教」（『政治経済史学』四七七）
「空海の思想とアニミズム」（『政治経済史学』五二〇）
「縄文時代以来のアニミズム」（『政治経済史学』六二四）

このうち前二論文は、拙著『日本上代の生死観』（渓水社）に再録しております。

こんにち、日本文化に関心をもたない日本人が多過ぎるように思います。それは戦後の日本の特殊事情によるものと思われます。すなわち、日本の敗戦によって日本を占領したアメリカを中心とする連合国軍総司令部（ＧＨＱ）は、日本を弱体化するために日本人の精神を作り替えようとしました。戦争の全責任を日本に負わせ、日本人に罪の意識を植え付けるＷＧＩＰ政策（日本人洗脳計画）がそれです。『日本国憲法』の制定もその一環です。

その中で、ＧＨＱは、現在の日本人と過去の日本人を分断しようとしました。「当用漢字」という言葉は、高齢の方々ならばご存知であると思います。「当面使用してもよい漢字」という意味です。すなわち、ＧＨＱは、漢字の使用を制限し、やがて漢字を廃止して、日本語の表記をローマ字表記に変えさせようとしました。こうして日本の若い世代に日本の過去の文献を読む能力を与えないようにして、現在の日本人と過去の日本の文化・伝統とを切り離そうと意図したものでした。

そのようなＧＨＱの政策と、当時の冷戦構造の中で国際共産主義の立場から国家を否定する革新陣営の「反日イデオロギー」とが相まって、いわゆる自虐史観による歴史教育がなされました。このような戦後教育が、日本文化に関心をもたない日本人を育ててきたのだと思います。

しかし、こんにちのわが国に必要なのは国際化・グローバル化の時代の人材です。それは世界に通用する知識や技能を身につけた人材であると思います。その第一歩が自分を知り、自分の国を知ることであるはずです。すなわち、日本文明・日本文化を知ることはその必須条件です。

そこで本書は、「グローバル化の時代の人材育成」のテキストになることを願って、日本文化、さらにはそれをより大きくとらえた日本文明の特色・本質を、外来文化を代表させた仏教の受容の仕方を通して、できるだけシンプルに、やさしく説明しようとして執筆したつもりです。「日本文明・日本文化とは何か」を考える契機となれば幸甚です。

令和元年十一月八日

熊谷保孝

熊谷 保孝（くまがい　やすたか）プロフィール

博士（神道学）

略歴
昭和21年兵庫県加西郡（現、加西市）生まれ。昭和49年國學院大学大学院文学研究科博士課程単位取得。日本学術振興会奨励研究員（昭和49年度）、武庫川女子大学非常勤講師（昭和54年３月まで）。昭和54年～平成23年滝川中・高等学校、滝川第二高等学校教諭。この間、神戸学院女子短期大学、兵庫県立姫路短期大学非常勤講師。

現在
国家ビジョン研究会日本文明研究部会委員、神道宗教学会理事、日本政治経済研究所理事、兵庫大学エクステンションカレッジ講師等。

主要著書
『日本古代の神祇と政治』（昭和52年、日東館出版）『歴史を考える』（昭和54年、日東館出版）『律令国家と神祇』（昭和57年、第一書房）『日本上代の生死観』（平成21年、渓水社）。『神道大系』神社編35（播磨･但馬）（平成３年、神道大系編纂会）。

「日本仏教」は神道である　—日本人の「こころ」の特質を求めて—

2019年12月１日　発行

著　者　熊谷保孝

発行所　ブックウェイ
〒670-0933　姫路市平野町62
TEL.079（222）5372　FAX.079（244）1482
https://bookway.jp

印刷所　小野高速印刷株式会社

ISBN978-4-86584-434-4